Felipe Spina

Personalização

*Quem fala com todos não fala com ninguém.
Personalize seu **Marketing Digital**!*

Felipe Spina

Personalização

*Quem fala com todos não fala com ninguém.
Personalize seu **Marketing Digital**!*

DVS EDITORA

São Paulo, 2019
www.dvseditora.com.br

Personalização

Quem fala com todos não fala com ninguém.
Personalize seu Marketing Digital!

DVS Editora Ltda. 2019 – Todos os direitos para a língua portuguesa reservados pela Editora.

Nenhuma parte deste livro poderá ser reproduzida, armazenada em sistema de recuperação, ou transmitida por qualquer meio, seja na forma eletrônica, mecânica, fotocopiada, gravada ou qualquer outra, sem a autorização por escrito dos autores e da Editora.

Revisão: Leandro Sales
Projeto gráfico e diagramação: Raquel Serafim
Capa e ilustrações: André Kaercher

```
        Dados Internacionais de Catalogação na Publicação (CIP)
              (Câmara Brasileira do Livro, SP, Brasil)

        Spina, Felipe
            Personalização : quem fala com todos não fala com
        ninguém : personalize seu marketing digital! / Felipe
        Spina. -- São Paulo : DVS Editora, 2019.

            Bibliografia.
            ISBN 978-85-8289-225-1

            1. ABM Account-Based Marketing 2. Empresas -
        Marketing 3. Estratégia 4. Personalização 5. Redes
        sociais 6. Web sites - Desenvolvimento I. Título.

        19-30745                                    CDD-658.8

                     Índices para catálogo sistemático:

            1. Web Personalization : Marketing digital :
                  Administração 658.8

        Maria Paula C. Riyuzo - Bibliotecária - CRB-8/7639
```

Nota: Muito cuidado e técnica foram empregados na edição deste livro. No entanto, podem ocorrer erros de digitação, impressão ou dúvida conceitual. Para qualquer uma dessas hipóteses, solicitamos a comunicação ao nosso serviço de atendimento através do e-mail: atendimento@dvseditora.com.br. Assim poderemos esclarecer ou encaminhar sua questão.

Agradecimentos

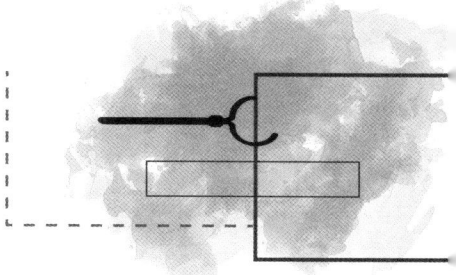

Este livro não seria nada especial sem meus agradecimentos às pessoas que concretizaram este sonho comigo.

Vale mencionar cada um de vocês, com admiração, carinho e afeto, tendo a certeza de que esta realização não teria sido possível se não fosse por vocês.

Em primeiro lugar, agradeço aos meus pais, Fernando e Rosana, e a todos integrantes da minha família.

Agradeço aos amigos e parceiros que sempre acreditaram nos meus sonhos.

André Siqueira e Rafael Rez, por serem inspiradores.

Meus sócios Gustavo Araújo e Gustavo Gierun, e toda galera da comunidade do Distrito.

Agradeço ainda a todos os RDoers (Resultados Digitais), por fazerem parte de quem hoje eu sou e a todo o pessoal que tive a oportunidade de conhecer em Floripa.

Agradeço às pessoas que me acompanham e me querem bem. E a quem já comprou um dos meus outros livros, agradeço o carinho e confiança de tê-los novamente nessa jornada.

Sumário

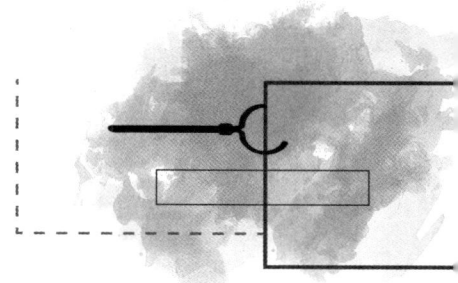

Prefácios **13**
   André Siqueira 13
   Rafael Rez 15

Introdução **19**

1. Web Personalization: o que é e por que fazer **22**
   1. 1. Por que fazer 28
   1. 2. Os principais benefícios da Web Personalization 30
      1. 2. 1. Compreender sua audiência 30
      1. 2. 2. Comunicar-se de forma efetiva 31
      1. 2. 3. Aumentar suas conversões 31
      1. 2. 4. Nutrir seus leads e clientes 31
      1. 2. 5. Vender mais para quem já é cliente 32
      1. 2. 6. Otimizar suas campanhas 32
   CASE 33

2. Como criar uma estratégia de Web Personalization **36**
   2. 1. Aliando a personalização à estratégia de marketing 38
   2. 2. Definindo objetivos de personalização 39
      Who? 39
      Why? 39
      What? 39
      Where? 40

Personalização

2. 3. Escolhendo a melhor maneira de personalizar 40
    2. 3. 1. Geolocalização 40
    2. 3. 2. Comportamento 41
    2. 3. 3. Informações de contato 42
            Firmographics 43
    2. 3. 4. Account-Based 44
CASE: MUNDO WINE 45

3. O que é possível personalizar no seu site? 46

3. 1. Onde usar a personalização 48
    3. 1. 1. Homepage 49
    3. 1. 2. Página interna 49
    3. 1. 3. Página de destino 50
    3. 1. 4. Pop-ups 50
    3. 1. 5. In-Zone 50
    3. 1. 6. Widget 50
    3. 1. 7. Redirecionamento 51

3. 2. Como começar 51
    3. 2. 1. Nível básico 51
    3. 2. 2. Nível intermediário 52
    3. 2. 3. Nível avançado 52
        Google Tag Manager 52
            Criando uma experiência de personalização
            com o Google Tag Manager 52
        Google Optimize 54
            Criando uma experiência de personalização
            com o Optimize 55
                Segmentação por URL 55
                Segmentação por público-alvo 55
                Segmentação por comportamento 56
                Segmentação geográfica 56
                Segmentação por tecnologia 56
                Variável JavaScript 56
                Cookie primário 57
                JavaScript personalizado 57
                Parâmetro de consulta 57
                Variável da camada de dados 57

3. 3. Como começar a testar 58

4. Quais ferramentas utilizar 60

4. 1. Ferramentas de Personalização (Web Personalization)...... 62
RightMessage 62
Optimizely 62
Adobe Target 63
Certona 63
Cxense 64
Dynamic Yield 64
Evergage 65
Intellimize 65
Monetate 65
Omniconvert 66
Personyze 66
Proof 66
Qubit 67
Apptus eSales 67
Bound 360 67
Unless 68
Qwardo 68
Uberflip 68
RichRelevance 68

5. Account-Based Marketing (ABM) 72

5. 1. O que é Account-Based Marketing 74
Foco em contas, não em Leads 76
5. 1. 1. Principais benefícios do Account-Based Marketing 77
5. 1. 2. Tipos de ABM 78
    ABM Estratégico (One-to-one): planos de marketing
    altamente personalizados para contas individuais 78
    ABM programático (one-to-many): campanhas
    para contas específicas em escala 79
5. 1. 3. Como começar uma estratégia de ABM 79
    O processo 79

5. 2. Como montar o perfil ideal de conta (ICP) 80
5. 2. 1. Conta-alvo e Características da Persona 81
5. 2. 2. Exemplo de modelo de persona de conta 81
    Visão geral do perfil: 82
    Atributos do perfil 82

Personalização

5. 3. Como montar uma lista de contas 84
    5. 3. 1. Onde encontrar as informações para
    as contas e enriquecer seus dados 85

5. 4. Como criar conteúdo personalizado para as contas 87
    5. 4. 1. De onde suas ideias virão 88
    5. 4. 2. Planejando o conteúdo 89
        Mapeie o conteúdo para a jornada de compra 90
    5. 4. 3. Checklist para criação de conteúdo de ABM 91
        Personalização simples x super personalização 92

5. 5. Como lançar Campanhas 92
    5. 5. 1. Eventos em ABM 93
    5. 5. 2. Mala direta em ABM 93
    5. 5. 3. E-mail em ABM 94
    5. 5. 4. Anúncios em ABM 94
    5. 5. 5. Diversificação de canais é a chave para o sucesso 94
    5. 5. 6. Ferramentas (ABM tech stack) 97
        Seleção 97
        Contatos 97
        Insights 97
        Conteúdo 97
        Interação 97
        Orquestração 97
        Infraestrutura 98

5. 6. Mensuração e análise 98
    Alcance 99
    Awareness 99
    Engajamento 100
    5. 6. 1. Mapeando a jornada de compra em ABM 100

5. 7. Orquestração de ABM 102

5. 8. Conclusões finais sobre ABM 105

6. Checklists + Presente 106

6. 1. Checklist de Web Personalization 108
Conexões 108
Segmentação 109
Conteúdo e campanhas 110
Teste e análise 110
Empresa 110

6. 2. Checklist de ABM 111
Gestão de segmentos 111
Seleção de contas 111
Personalização 112
Campanhas 113
Vendas 113
Relatórios e análise 114
Onboard e suporte 114
Infraestrutura 115

6. 3. Modelo de orquestração de ABM 115

6. 4. Presente especial 119

Conclusão 123

Referências 127

Prefácios

André Siqueira

Muito tem sido discutido, especialmente nos últimos anos, sobre o "duelo" entre automação e humanização, sobre a visão do contato humano versus o poder das máquinas, das ferramentas, da inteligência artificial. Sempre achei um pouco curiosa essa dicotomia, porque no fim não consigo enxergar o cenário como concorrência.

Só devemos investir na automação daquilo que, de forma manual e muito humana, vimos que funciona. O poder computacional ajuda a gente a dar escala e a fazer com mais eficiência o que faríamos se tivéssemos condição de olhar caso por caso. É um humano quem pensa nos perfis de clientes, nas frases que podem funcionar de gatilho. Eles são complementares, não excludentes.

A Personalização, neste livro apresentada, é um dos exemplos perfeitos de como a combinação é poderosa. Do quanto o humano, entendendo e se conectando a outro humano, consegue ganhar volume e escala ao combinar com as ferramentas certas. O resultado é uma vitória pra todo mundo: a empresa ganha (tem a eficiência e reflexo em vendas de quem faz o 1-1, mas investe o tempo de quem faz 1-para-muitos), e o usuário ganha (tem uma experiência muito mais agradável, um bom serviço e maior nível de satisfação). Com isso ganham também todos os que estão ao redor e crescendo junto: funcionários, fornecedores e etc., usando do conceito como mais uma boa alavanca de crescimento e impacto.

> Personalização

Felipe Spina é um amigo estudioso e dedicado, que com cursos, leituras e aprendizados práticos entendeu melhor como esse mundo da Personalização funciona e fez um excelente trabalho de "traduzir" isso para uma linguagem simples e acessível, tornando o entendimento e a aplicação do tema muito fáceis de entender.

Impossível não sair da leitura com a cabeça borbulhando com algumas ideias e com vontade de ir logo para a prática pra testar. É um convite para o novo. Vamos?

Rafael Rez

Quando, ainda na primeira década deste século, a Amazon cunhou o termo "Web 3.0", parecia algo distante demais.

Acabávamos de assistir a explosão da "Web 2.0" (ou "Web Social") com o crescimento vertiginoso das redes sociais e, de repente, alguém vinha falando sobre 3.0.

Para que o recurso de recomendações da Amazon pudesse sequer existir foi necessário criar tecnologias e ferramentas que cruzassem preferências, perfis de compra e de consumo para que o sistema acumulasse "inteligência" suficiente a ponto de sugerir itens para qualquer usuário com grande margem de acerto.

A cada acerto e a cada erro o sistema "aprendia" e acumulava experiência sobre os clientes e suas preferências de consumo, e conforme o portfólio de produtos disponíveis na Amazon crescia (o chamado "inventário"), mais ofertas precisas a Amazon conseguia fazer.

Percebo isso na prática quando (raramente) ligo o meu Kindle. Prefiro a experiência de ler no papel, folhear o livro e sentir as páginas ficando para trás, o que o Kindle não consegue simular com eficiência. Mas quando olho as sugestões de títulos e leituras, fico de boca aberta com a precisão das sugestões. Obviamente, acabo acumulando mais e mais coisas para ler no Kindle enquanto ele acumula poeira.

Personalização

O Pão de Açúcar também aprendeu meus hábitos e o tipo de compra que faço nas lojas deles, e consegue me oferecer sugestões e descontos imbatíveis. Descobri vinhos interessantes e comprei muita cerveja barata com o aplicativo da empresa.

Como cliente, sou fã da personalização. Como profissional de marketing, mal consigo pensar em algo mais inteligente e eficiente que isso.

Seja de um lado, seja de outro, não dá para ignorar o poder da personalização em seus mais variados níveis: de Chatbots até a Siri e a Alexa (assistentes pessoais da Apple e da Amazon, respectivamente), podemos finalmente adotar tecnologias que conseguem encontrar pessoas similares a nós e sugerir compras, músicas, filmes e leituras das quais gostaremos.

O melhor disso é que podemos fazer isso sem perder o caráter "humano" da coisa: fazer cada pessoa se sentir única e atendida em seus mais profundos desejos.

Espero que a leitura que se segue abra sua mente para esse novo mundo incrível e te ajude a iniciar sua caminhada no mundo da Personalização. Boa jornada!

Introdução

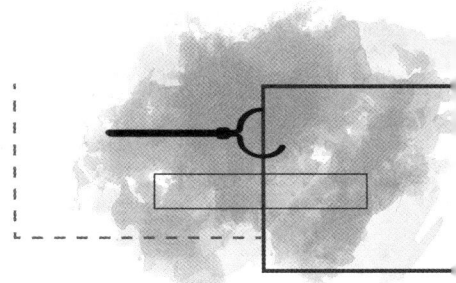

Personalização para Web ou Web Personalization parece algo novo para você? Bem, não é exatamente uma novidade, nem algo raro em nosso dia a dia.

Se você utiliza serviços como Netflix e Spotify diariamente, é alvo de estratégias de personalização. Não é ótimo entrar na sua conta e receber dicas de séries, filmes e músicas que você se identifica e gostaria de consumir?

A gigante Amazon é outro exemplo fantástico e que já faz personalização há décadas. Em seus primórdios ela recomendava abaixo da compra "Pessoas que compraram este item também compraram...". Essa primeira experiência evoluiu e hoje ela lidera os esforços de personalização do setor em todas as experiências de e-commerce e compras no varejo.

Esses são apenas alguns exemplos. Essas empresas se preocupam com isto há bastante tempo e, cada dia mais, outras organizações estão percebendo a importância de oferecer conteúdo personalizado ao seu público.

Pessoas são diferentes, possuem necessidades e vontades diferentes, por que deveriam receber o mesmo conteúdo?

Pessoas têm culturas e linguagens diferentes. Cada território tem sua cultura. Podemos observar uma grande diferença entre uma pessoa nativa de São Paulo e outra do Rio Grande do Sul. Para causar maior identificação, não seria interessante falar com elas de formas diferentes?

Em um cenário em que um vendedor de uma empresa que oferece serviço de banda larga, telefone fixo e TV a cabo entra em contato comigo, qual seria o melhor approach: me oferecer um novo pacote de TV a cabo, upgrade de banda larga ou telefone fixo?

Personalização

Eu já possuo TV a cabo, com apenas alguns canais inclusos, e banda larga, mas ele decidiu que deveria me vender o telefone fixo. Bem, eu não utilizo telefone fixo, esta não é uma necessidade minha. É uma prospecção sem nenhuma personalização às minhas necessidades.

Agora, veja a diferença para esta outra abordagem:

"Olá, Felipe. Tudo bem? Percebi que você está com nosso plano X. Você está satisfeito? (...) Percebi que o campeonato Y está se aproximando, imagino que você é Corinthiano, certo? Eu também sou, não fico sem nenhum jogo. Para você também não perder nenhum jogo gostaria de liberar o acesso a um jogo gratuito, para você testar nosso pacote Z, com o qual você terá acesso a todos os jogos do campeonato. O que você acha?"

O vendedor está criando uma conexão comigo, mostrando que compreende a minha dor e oferecendo uma solução. Tudo de uma maneira muito personalizada. Como ele descobriu que sou Corinthiano? Bem, não que eu esconda isso, mas a empresa facilmente poderia ter divulgado materiais sobre jogos, novidades do mundo esportivo e eu ter interagido com os relacionados ao Corinthians.

Então, pense duas vezes antes de enviar o mesmo e-mail para toda sua base. É uma prática que não irá trazer os melhores resultados. Algumas pessoas podem ser muito imaturas para aquele conteúdo, enquanto outras podem ser clientes de longa data. Não é uma comunicação efetiva.

A maioria das empresas faz isso diariamente, tanto no e-mail, como nos diferentes canais de comunicação da empresa. Principalmente e mais crítico: no site. Elas oferecem exatamente a mesma experiência para cada pessoa, independentemente do seu comportamento.

O site é o centro das suas atividades de marketing e perder a oportunidade de se conectar com seus visitantes é, no fim das contas, perda de receita.

Somente quando as empresas perceberem o quão ineficiente é a falta de personalização, elas serão capazes de oferecer melhores conteúdos, criar fortes relações e melhorar seus resultados.

Para chegar até lá é preciso percorrer um caminho com base em uma estratégia, como tudo na vida. Nessa jornada você precisa compreender profundamente para quem você irá personalizar, as possíveis formas de personalização, ferramentas necessárias e quais os dados que você precisa. É isso tudo que você irá aprender neste livro.

Personalizar é colocar-se no lugar do outro, ser mais empático em todo o processo de marketing e vendas. É uma preocupação com as pessoas que estão consumindo seu conteúdo e, claro, seus clientes.

1. Web Personalization: o que é e por que fazer

Fazer campanhas massificadas, para um grande público, é uma estratégia que tem perdido cada vez mais eficiência em canais diversos, desde os mais tradicionais, como jornal e televisão, até os digitais, como e-mail e redes sociais. Permitindo pouco foco e cobrando preços altos, esse tipo de campanha vem sendo substituída por estratégias personalizadas, que criam experiências impressionantes para os consumidores.

Personalização | Web Personalization: o que é e por que fazer

"Quem fala com todos, não fala com ninguém."

Personalização não é um conceito novo. Bons vendedores de lojas físicas já buscam oferecer uma experiência personalizada aos clientes há algum tempo, chamando-os pelo nome, lembrando do pedido que costumam fazer e ofertando produtos similares aos que o cliente compra. O dicionário Michaelis traz a seguinte definição para o termo personalizar:

Dar caráter pessoal a; tornar individual.

O Google também mostra sua definição:

1. transitivo direto

    tornar pessoal; conceder qualidades de pessoa a; personificar.

    "sempre procurava p. suas ideias sobre moral"

2. transitivo direto

    conceder caráter pessoal a; tornar individual.

    "ela personaliza todas as roupas que usa"

3. transitivo direto e intransitivo

    indicar, nomear, uma pessoa.

    "contou um caso escabroso, sem p. seus participantes"

4. transitivo direto

INFORMÁTICA

definir a configuração de (equipamento ou programa) conforme as necessidades ou preferências do usuário.

Na imagem conseguimos ver as menções evoluindo com o passar dos anos.

E de maneira aplicada ao marketing:

Produzir, modificar ou adequar um serviço ou um produto, atendendo a gosto, necessidades ou exigências particulares de um cliente ou usuário.

Com a internet, as possibilidades de personalização aumentaram como nunca. É nesse contexto que surge o termo Web Personalization, que é o processo de criar uma experiência customizada para quem visita determinado site. Em vez de uma experiência genérica, o Web Personalization permite que empresas ofereçam ao público um conteúdo personalizado de acordo com as necessidades de cada um.

Web Personalization também é conhecido como *one-to-one marketing* (marketing um a um), porque a página acessada pelo usuário é criada para atingir cada consumidor, de forma individual. A personalização é feita com base no comportamento, localização, perfil e outros atributos de quem visita o site. É uma forma de atingir as necessidades dos clientes de maneira mais eficiente, aumentando a satisfação e as chances de conversão e retenção.

Todo esse processo de personalização começa no design, com a customização do seu site, de modo que ele esteja de acordo com o perfil e interesses da sua audiência, transmitindo a melhor mensagem, conteúdo e ofertas possíveis. O foco é o site porque ele é uma espécie de central que reúne os conteúdos digitais da empresa e o principal canal de interação entre empresa e público.

Parece muito abstrato? Então, alguns bons exemplos de como a personalização já está presente em nossa vida são os sites e aplicativos que você usa diariamente: recomendações de filmes e séries no Netflix, sugestões de músicas no Spotify e nos produtos da Amazon.

Sobre a Amazon, é fácil ver como a estratégia de negócios da empresa se manifesta em suas decisões de design. Sua estratégia é ajudar as pessoas a encontrar os melhores produtos. Se eles conseguirem fazer isso, venderão mais. Olhando para o site, vemos que a Amazon tem uma tonelada de recursos que funcionam em graus variados. Eles tiveram um milhão de insights ao longo do caminho, mas um dos melhores foi criar ferramentas, como listas de desejos, que realmente ajudam as pessoas e fornecem à empresa informações valiosas.

O design de todo o site da Amazon pode ser explicado nesses dois parágrafos de Jeff Bezos:

"No mundo online, as empresas têm a oportunidade de desenvolver relacionamentos muito profundos com os clientes, aceitando suas preferências e observando seus comportamentos de compra ao longo do tempo, para obter esse conhecimento individualizado e usá-lo para acelerar o processo de descoberta.

Se pudermos fazer isso, os clientes sentirão uma profunda lealdade a nós, porque os conhecemos tão bem. E se eles mudarem para um site competitivo — contanto que nunca demos a eles um motivo para mudar, nem estamos tentando cobrar preços mais altos ou fornecer serviços ruins, ou não ter a seleção que eles exigem; desde que nada disso aconteça, eles vão ficar conosco porque vão receber um serviço personalizado, um site personalizado que leva em conta os anos de relacionamento que construímos com eles."

Mas não se engane, apesar de parecer complexo no início, Web Personalization não é aplicável somente para gigantes da tecnologia. Essa estratégia pode ser aproveitada por empresas de vários portes e segmentos. Ao longo do livro, você verá maneiras de como fazer isso na prática.

1. 1. Por que fazer

O que parece melhor para você: visitar um site que já faz ofertas do seu interesse logo de cara ou ter que buscar o que precisa? Com a Web Personalization, é possível tornar a experiência do visitante em seu site mais engajadora, o que se traduz em mais vendas. Mostrar o mesmo site para todos, por outro lado, tem o efeito inverso. A impessoalidade afasta os visitantes da sua empresa e faz você jogar oportunidades de negócio no lixo.

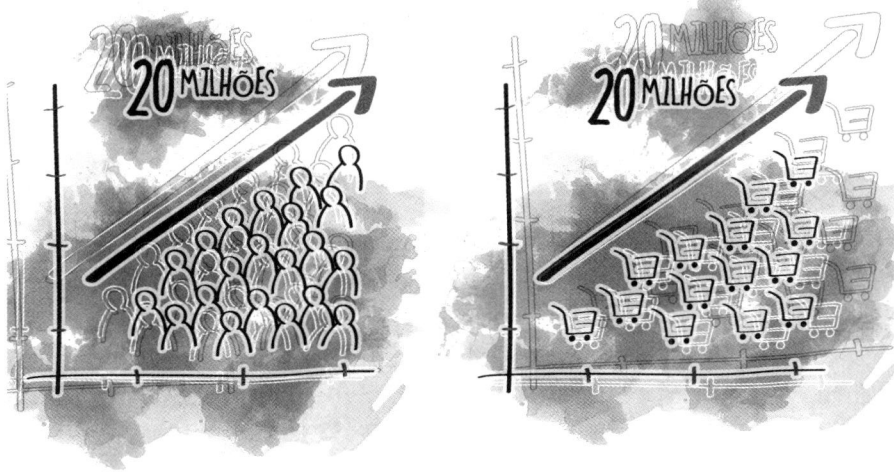

"Se nós queremos ter 20 milhões de clientes, então nós teremos 20 milhões de lojas, nossa missão é ser a maior empresa customer-centric".

Jeff Bezos – Amazon

Não personalizar a experiência do usuário pode criar uma desconexão entre empresa e público, o que resulta em oportunidades perdidas. Se você traduzir a personalização para um cenário do mundo real, em uma interação social, perceberá a importância da capacidade de ouvir e responder as pessoas individualmente.

Muitos negócios têm audiências variadas, e cada um desses segmentos espera ser ouvido e atendido de forma diferente ao acessar uma página. Com a personalização, seu site se adapta às necessidades desses grupos ou indivíduos. Também permite testar diferentes mensagens para descobrir qual funciona melhor com determinado segmento.

1. 2. Os principais benefícios da Web Personalization

Com as ferramentas certas, essa estratégia pode ser um processo simples para as empresas e pode aumentar drasticamente a eficácia do site e outros canais de marketing. Em muitos casos, o retorno sobre o investimento (ROI) para a Web Personalization, mesmo com vários recursos, é maior do que as estratégias tradicionais de marketing.

Empresas usam a Web Personalization, principalmente, para fazer seu site mais eficaz no engajamento e conversão. Independentemente de o consumidor estar ciente ou não sobre a Web Personalization que ocorre no site, uma experiência personalizada pode fazer uma diferença significativa no sucesso de qualquer estratégia de marketing.

Mais que engajar e converter, a personalização ajuda os vendedores a irem na direção certa, permitindo que eles forneçam um serviço único, uma experiência pessoal para o público-alvo. Experiências personalizadas resultam no aumento da preferência pela marca e da lealdade do cliente, com maiores taxas de vendas.

Conheça os principais benefícios que você pode esperar ao adotar uma estratégia de Web Personalization:

1. 2. 1. Compreender sua audiência

Com a Web Personalization é possível entender melhor quem é o seu público. Você terá à disposição dados demográficos, de comportamento e outros que mostram quem são os seus visitantes. A partir dessa compreensão você consegue identificar as mensagens, o conteúdo, as ofertas, os produtos e serviços que o seu público tende a preferir. São insights valiosos que permitem focar os seus recursos em ações com maiores chances de retorno.

1. 2. 2. Comunicar-se de forma efetiva

A partir das interações que uma pessoa fez em seu site, você coleta informações que serão usadas para mensagens personalizadas. É uma forma de comunicar-se com mais eficiência e de estreitar laços com o público-alvo e clientes nos diferentes canais em que sua empresa está presente.

1. 2. 3. Aumentar suas conversões

Você investiu em fazer um site bonito, que funciona muito bem no desktop, adaptado para dispositivos móveis e que é encontrado pelos mecanismos de busca. Talvez também tenha feito anúncios pagos para atrair tráfego. Dezenas, centenas e até milhares de visitantes chegam à página. E o que você faz? Oferece a todas essas pessoas a mesma versão do seu website e elas saem dele sem converter. E isso é um grande potencial perdido!

Com a Web Personalization você é capaz de rastrear dados demográficos, de comportamento e vários outros, para engajar e converter muito mais. Isso porque você oferece recomendações personalizadas, que vão ao encontro das necessidades individuais de cada um, no exato momento em que eles precisam.

1. 2. 4. Nutrir seus leads e clientes

No marketing, a nutrição consiste em relacionar-se com seus potenciais clientes para conquistar confiança enquanto eles percorrem a jornada de compra. E quando você se comunica com eles de forma assertiva, você é bem-vindo.

A nutrição de contatos via e-mail já é uma tática bem conhecida, mas também é possível aliar a Web Personalization à essa estratégia. Em outros locais da web você pode retomar a conversa ou incorporar detalhes, por meio de outros conteúdos e ofertas, nutrindo e acelerando os possíveis clientes pela jornada de compra.

1. 2. 5. Vender mais para quem já é cliente

Certo, você conseguiu conquistar clientes, mas não para por aí. Quando você entende quem são os clientes e conhece suas preferências, é possível vender mais oferecendo, por exemplo, produtos complementares aos que já foram adquiridos.

E ainda, os clientes sentem-se muito mais valorizados quando percebem que uma empresa lhes oferece uma atenção especial, eles são propensos a fazer mais negócios com uma marca em que confiam, bem como a se tornarem defensores da marca e recomendá-la a outras pessoas.

1. 2. 6. Otimizar suas campanhas

Outro benefício da Web Personalization é a otimização de campanhas. Como você coletou informações valiosas de quem visitou seu site, é possível utilizá-las em campanhas de diversos outros canais tornando-as mais assertivas, desde o engajamento até o custo.

Por fim, os benefícios que falamos neste capítulo vão se converter naquilo que toda empresa busca: mais lucro! Todos os itens mencionados estão diretamente ligados a isso.

Ao conhecer melhor os visitantes de seu site e seus clientes, nutri-los e educá-los com base em quem são e o que querem e apresentar-lhes a oferta adequada, você irá aumentar sua capacidade de gerar receita.

CASE

No Distrito.me personalizamos a jornada do usuário a partir dos dados que ele preencher no formulário. Se ele indicar que seu perfil é uma Startup, ele vai receber conteúdos focados nas dores de um empreendedor ou funcionário de uma Startup, como receber ou participar de uma rodada de investimento, acertar na contratação de grandes talentos e ajudar na validação do produto no mercado (Product Market Fit).

Se ele preencher que seu perfil é uma grande empresa acima de 200 funcionários, ele vai receber conteúdos focados em inovação corporativa, benchmarking e estudos de mercado. São dores diferentes das dores de uma Startup.

Assim como, se ele preencher que seu perfil é de um investidor, ele vai receber conteúdos que o ajudem nos investimentos-anjo.

Dessa forma, conseguimos ter mais assertividade no conteúdo entregue para as pessoas, e o principal é a entrega de valor para continuar construindo um relacionamento com elas.

Obs.: Além da web, o Distrito também conta com espaços físicos que são totalmente personalizados aos interesses de seu público.

São hubs de inovação divididos em unidades, como a Distrito FinTech, focada em Startups de Finanças, Distrito AdTech, focada em Startups de publicidade e marketing, Distrito RetailTech focada em Startups de varejo, Distrito Spark, focada em Indústria 4.0 e o Distrito InovaHC HealthTech, focado em startups de saúde.

Fundadores: Gustavo Araújo e Gustavo Gierun

Com as mensagens certas, você transforma visitantes em contatos, relaciona-se de maneira mais assertiva com eles até o momento da compra e continua vendendo para quem já é cliente.

No próximo capítulo, mostrarei como fazer isso na prática.

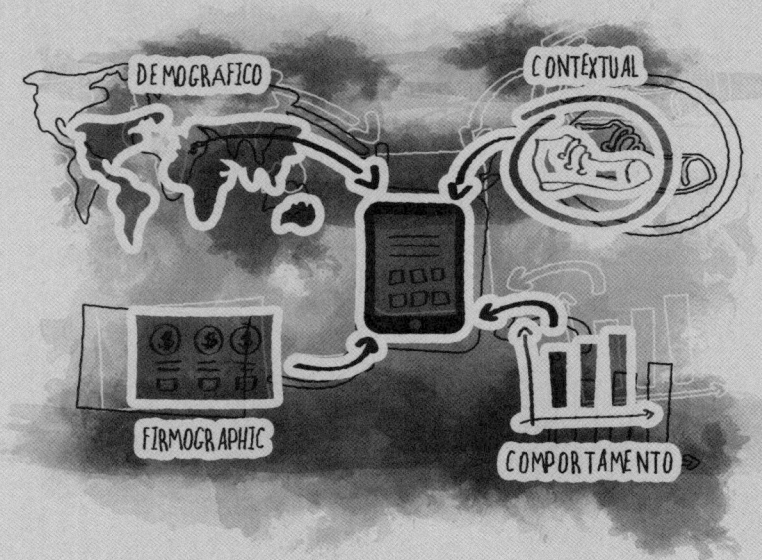

2. Como criar uma estratégia de Web Personalization

Depois de definir Web Personalization e de falar de seus benefícios, é hora de definir objetivos e escolher a maneira que melhor se adapta às suas necessidades. Um bom ponto de partida é aliando a personalização à sua estratégia de marketing existente. Provavelmente, você já utiliza diversos canais de marketing e a personalização será mais um deles.

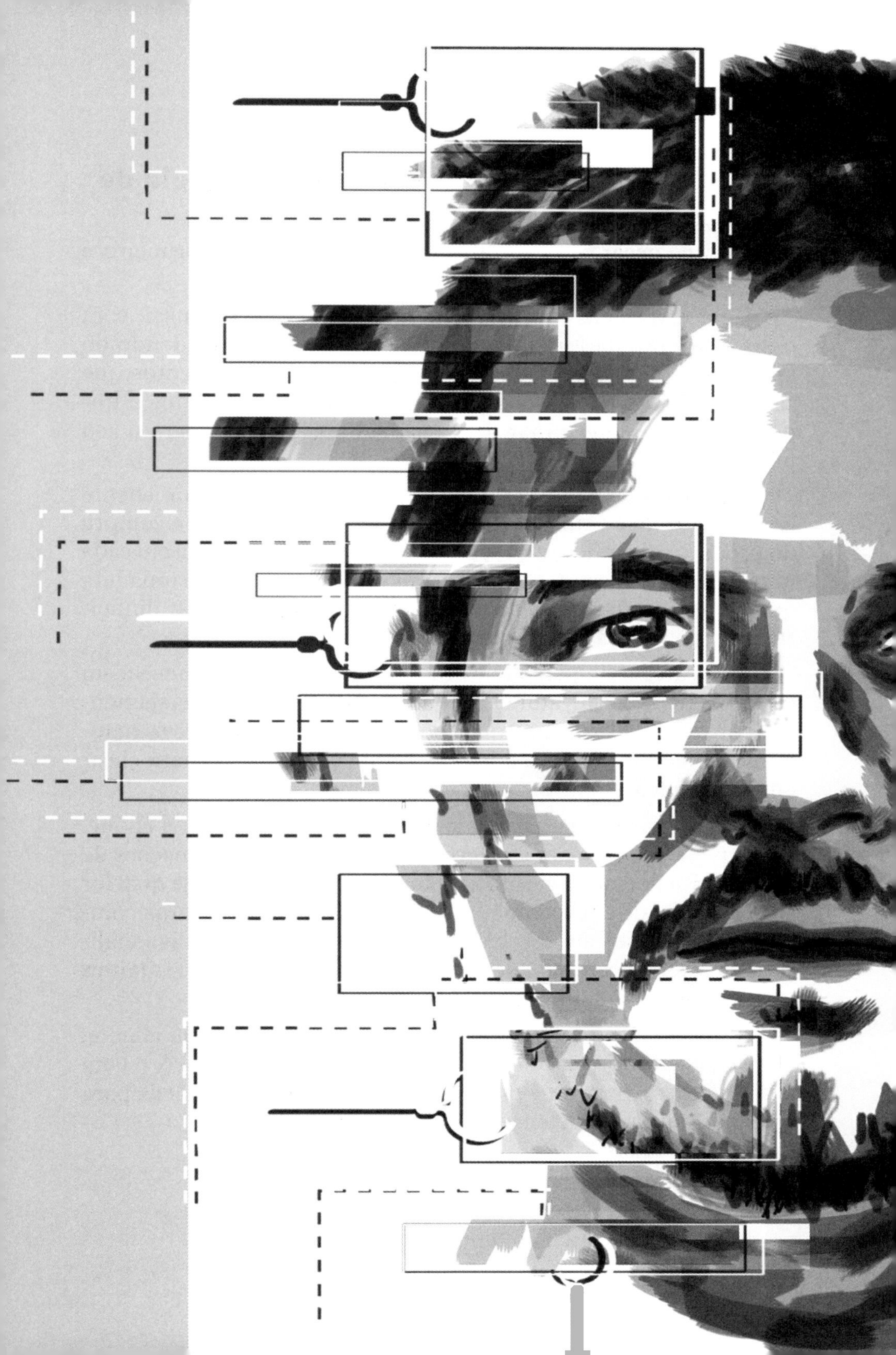

2.1. Aliando a personalização à estratégia de marketing

Para começar uma estratégia de personalização, primeiro é preciso entender os seus objetivos de marketing.

Uma estratégia de personalização de sucesso começa com o mapeamento da jornada do cliente, que varia dependendo do segmento. Mas, apesar da variedade, há alguns elementos que são os mesmos para todas as empresas. Compreendê-los é importante para determinar a mensagem que importa para o seu público-alvo.

A jornada de compra do cliente é o caminho que um cliente percorre desde a primeira interação com a empresa até a compra do produto ou serviço, e a Web Personalization se encaixa em cada uma delas. Começa na atração: atrair os clientes certos é uma luta que muitos profissionais de marketing enfrentam e gastar dinheiro sem adquirir os clientes ideais é arriscado.

A estratégia de personalização permite mostrar a mensagem certa ao cliente certo, aumentando a probabilidade de engajamento e conversão. Mostrando que você os conhece bem, você os mantém engajados, seja para a leitura de um blog post ou para clicar em um anúncio.

Mas só engajar não é suficiente, é preciso mais que o clique. Essas pessoas precisam converter, deixando suas informações de contato. E a personalização ajuda também nessa fase. Seja qual for sua definição de conversão — baixar um material, fazer uma compra, inscrever-se para receber uma newsletter — a Web Personalization acelera o caminho de conversão, pois oferece aos visitantes mensagens personalizadas para eles.

Na fase de retenção, quando o visitante já se tornou cliente, é hora de garantir que ele continuará comprando de você, e com a Web Personalization é possível criar campanhas especiais para retê-los e torná-los defensores de sua marca.

2.2. Definindo objetivos de personalização

Como você viu na seção anterior, a personalização aplica-se a todos os passos da jornada de compra. Para entender onde a Web Personalization pode melhor agregar, comece com os 4 W's de personalização, que ajudarão você a descobrir como usá-la da melhor forma.

Who?

Em quem você está mirando? Para quem você vai personalizar? Agrupe o seu público-alvo em segmentos com interesses ou atributos semelhantes.

- Negócios B2B costumam segmentar as empresas por tamanho, receita ou por funções específicas como cargo (dados firmográficos).
- Negócios B2C costumam segmentar os clientes por localização geográfica, produtos de interesse, sensibilidade ao preço e histórico de compras (dados demográficos).

Why?

Como qualquer estratégia de marketing, é essencial para a compreensão e definição de seus objetivos entender o "porquê" de estar direcionando as atividades para a Web Personalization. O "porquê" pode ser dividido em duas partes:

1. Por que esse público é importante? É uma venda fácil, de alta receita ou um novo mercado? Este motivo, geralmente, é definido em sua estratégia geral de marketing.
2. Por que você deseja alcançar esse público? Mais engajamento ou conversão?

What?

O que você quer dizer a eles? O que irá personalizar para eles? As possibilidades são praticamente infinitas, mas pense na primeira mensagem ou conteúdo que o público gostaria de ver ao entrar em seu site pela primeira vez.

Where?

Onde você pode personalizar? Pense onde você pode se conectar melhor com cada pessoa. A página inicial pode ser um bom lugar para começar.

2. 3. Escolhendo a melhor maneira de personalizar

Depois de entender seus objetivos, é importante que você esteja familiarizado com os diferentes tipos de Web Personalization. Devido à flexibilidade oferecida, existe uma variedade de possibilidade de usos que podem se encaixar na sua realidade, tudo vai depender de como você segmenta e o que está tentando alcançar.

2. 3. 1. Geolocalização

Uma das formas mais frequentes que as empresas usam para atingir seus visitantes é pela geolocalização. Dependendo do tipo de negócio, oferta e da maneira que você busca atingir seu público-alvo, a forma como é feita pode variar.

Por exemplo, se o seu negócio está em determinado lugar, fisicamente, e você quer engajar os visitantes dentro daquela região geográfica (seja cidade, estado, ou país específico) para visitá-la, a Web Personalization ajuda exibindo um cupom de desconto para as pessoas daquela região. Não é algo que você promoveria a todos os visitantes de seu site, mas a Web Personalization por geolocalização lhe permite ser seletivo — e muito eficaz.

Se você é um varejista de e-commerce com cobertura nacional, você pode usar a Web Personalization para direcionar os visitantes com base em sua localização atual — mostrando roupas de verão para um visitante carioca e roupas de inverno para um visitante gaúcho, por exemplo.

Independentemente da necessidade de uso, criar campanhas especializadas que identificam usuários com base em sua localização oferece às pessoas uma experiência única e pessoal.

Formas de segmentar por geolocalização:
- País, estado, cidade;
- Idioma;
- CEPs regionais.

2. 3. 2. Comportamento

Com a ferramenta certa de Web Personalization você pode analisar um visitante de seu site e criar um perfil comportamental baseado nos dados de navegação, envolvimento com conteúdos do blog e materiais ricos. Também pode influenciar aspectos comportamentais em tempo real, pois você é capaz de agir sobre esses dados de forma imediata, enquanto eles acontecem, adaptando ativamente seu site para cada visitante.

Por exemplo, se um potencial cliente visitou seu site, chegou a página de finalização de compra (*checkout*) e não concluiu, você pode sugerir produtos similares. Você também pode mirar em parâmetros comportamentais não tradicionais como sensibilidade ao preço e, em seguida, usar a Web Personalization para realçar itens mais econômicos.

Até sinais comportamentais muito básicos podem e devem ser usados, como o número de visitas ao seu site. Um novo visitante deve ver uma mensagem, mas alguém que está retornando pela quinta vez deve ver um site diferente, mais avançado. Lembre-se que a Web Personalization caminha junto com a jornada de compra.

Formas de segmentar por comportamento:

- Páginas por visita;
- Número de visitas;
- Páginas acessadas;
- Termos de pesquisa;
- Referências;
- Browser;
- Dispositivo;
- Produtos de interesse;
- Histórico de compras.

2. 3. 3. Informações de contato

Em muitos casos, um visitante que realizou interações anteriores com o site já é conhecido, já lhe forneceu suas informações de contato. Para levar a Web Personalization a outro nível, as empresas podem usar uma solução que se conecta à plataforma de automação de marketing para ouvir e responder seus contatos e clientes ao longo do tempo e em todos os canais.

As informações que você já possui sobre um cliente específico, como compras ou interesses anteriores, pontuação (*lead scoring*), cargo e outros, podem ser usadas para otimizar sua personalização e aumentar as vendas. Com essas informações é possível mostrar mensagens mais relevantes e segmentadas.

Por exemplo, um cliente que mostrou interesse em um novo SUV será exposto a conteúdo e ofertas relacionados a modelos SUV, suas características e condições especiais. Enquanto um cliente que já comprou um carro de outro modelo específico pode ser exposto a um *upgrade* de opcionais, lembrete para revisão ou outros serviços.

Formas de segmentar por informações de contato:
- Dados firmográficos (firmographics);
- Dados demográficos;
- Estágio na jornada de compra;
- Interesse de produtos;
- Lead scoring;
- Engajamento.

Firmographics

Falando em informações de contato, os firmographics (ou dados firmográficos), são os atributos que as empresas B2B usam para segmentar seu mercado-alvo a fim de descobrir seus consumidores ideais. Para entender melhor, pense em empresas B2B usando dados firmográficos assim como as empresas B2C utilizam os dados demográficos.

Aqui estão algumas das categorias de segmentação mais comuns:

- Indústria;
- Cargos;
- Receita anual;
- Tamanho da empresa;
- Localização;
- Estágio na jornada de compra.

2. 3. 4. Account-Based

A Web Personalization estabelecida em account-based foca a personalização em torno de um alvo de lista de contatos pré-definida. Ela permite identificar um visitante e inseri-lo em uma lista criada, em tempo real.

Assim que o visitante estiver em uma lista, você pode enviar uma mensagem específica, oferta, ou call-to-action personalizado. Com a tecnologia de Web Personalization e automação de marketing você pode fazer essa experiência ainda mais focada pela segmentação de pessoas com mensagens únicas.

Irei mais a fundo sobre Account-based no capítulo 5.

CASE: MUNDO WINE

Personalizar não foi a ideia inicial na criação da Mundo Wine. Tínhamos um produto bacana que falava com um nicho extremamente potencial, mas faltava algo que de fato nos diferenciasse.

Estudando macrotendências do marketing li um artigo sobre personalização e aí veio a ideia: oferecer itens ou presentes exclusivos feitos especialmente para cada cliente. Aquilo que não tinha uma venda muito expressiva, quando passamos a oferecer com a possibilidade de personalização, vendia muito melhor e foi o que projetou a nossa empresa. Hoje tudo que vendemos é personalizado.

Encontramos na personalização uma forma de buscar um mercado e conseguir espaço frente a empresas com anos de atuação. A onda da personalização também atinge grandes companhias, a citar Netshoes, Nike, Arezzo.

Adotamos a mesma estratégia para as nossas campanhas. Notamos que quanto mais direcionadas, quanto mais focadas no estilo da nossa persona, melhor performavam. Falamos a língua do nosso cliente e tentamos estabelecer conexões emocionais com eles, falar sobre assuntos que os interessa, gerar conteúdos atrativos, tudo extremamente direcionado.

De fato o mundo é personalizado.

Celize Gelain - Fundadora do Mundo Wine

3. O que é possível personalizar no seu site?

Hora de ir mais a fundo no primeiro dos 4 W's, o Who. Saiba exatamente para quem você vai personalizar. Cada visitante é único, por isso o engajamento aumenta à medida que você cria experiências personalizadas.

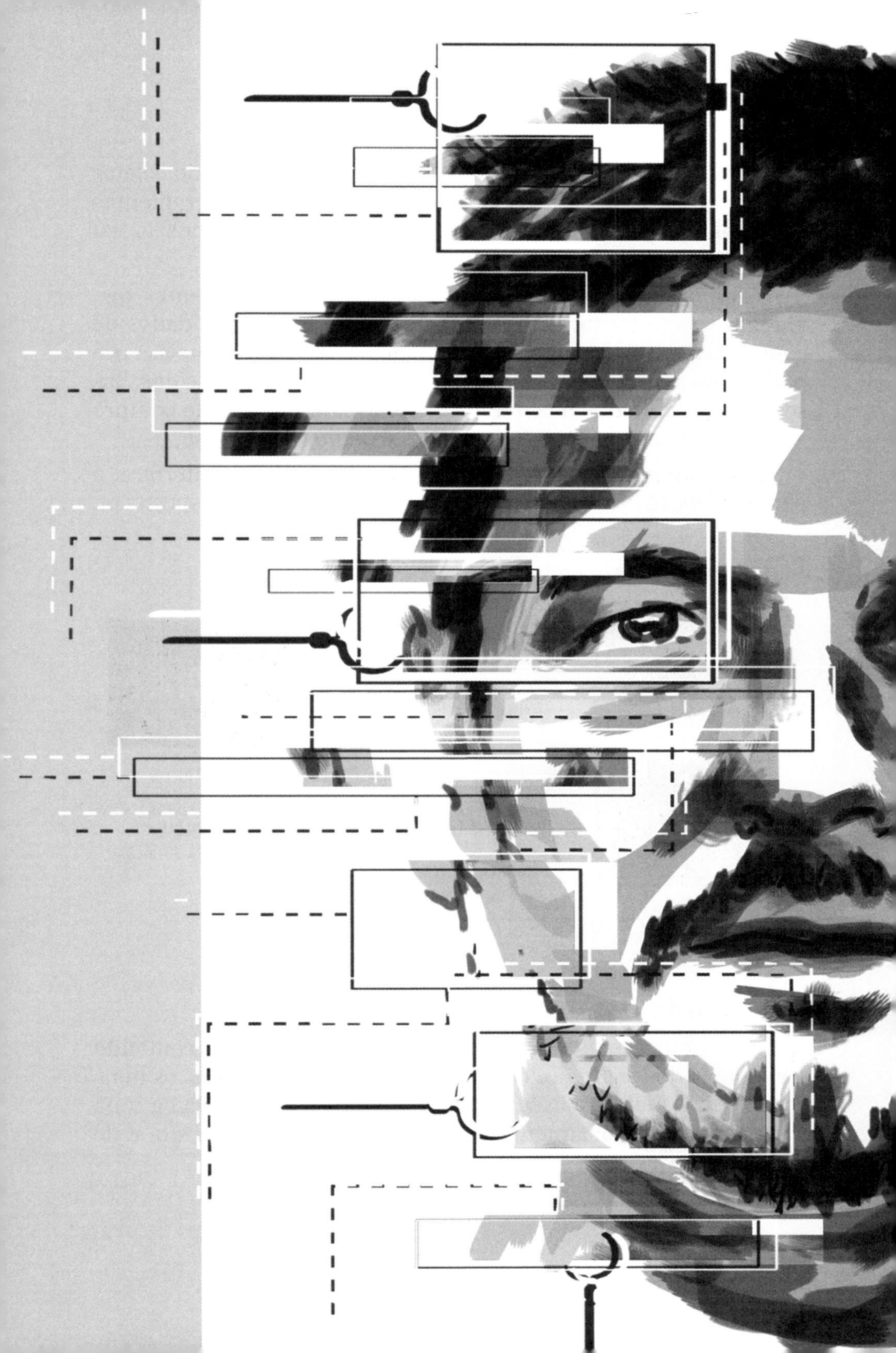

| Personalização | O que é possível personalizar no seu site? |

Para entender perfeitamente seu usuário, é necessário coletar as informações sobre os visitantes de seu site. Várias ferramentas permitem que você conheça e converta visitantes anônimos do seu site com base nos atributos deles.

Para fazer isso, identifique os atributos dos visitantes que ajudam você a captar informações valiosas, tais como: dados de comportamento, demográficos, *firmográficos* e contextuais. Você pode mirar em visitantes anônimos e também em conhecidos, baseando-se em dados de contato — CRM data, estágio de compra — pelo comportamento no site e *lead scoring* — interesse.

Somente passada esta fase que você parte para a interface, a personalização em si, seja de uma página ou elemento específico.

ATRIBUTOS
QUAIS SÃO OS ATRIBUTOS?
- COMPORTAMENTO
- DEMOGRÁFICOS
- FIRMOGRAPHICS
- CONTEXTUAL (VERTICAL)

COLETA
COMO COLETAR?
- BUYER STAGE (ESTÁGIO DE COMPRA) PELO COMPORTAMENTO NO SITE
- INTERESSE (LEAD SCORING)
- DADOS/BASE (CRM)

INTERFACE
COMO APRESENTAR?
- CAMPOS PERSONALIZADOS
- ÁREAS DINÂMICAS
- CAMPANHA INTEGRADA

3. 1. Onde usar a personalização

São inúmeras as opções de como apresentar seu conteúdo personalizado (página inicial, página interna, blog, todos os itens acima) e o visual para uso (diálogo flutuante, substituição na zona e widget) — essencialmente, em qualquer lugar do seu site e de várias maneiras.

3. 1. 1. Homepage

O conteúdo pode ficar na página inicial do seu site, tornando a experiência do visitante única logo no acesso inicial. Sua empresa pode personalizar essa página com base na região dos visitantes ou, por exemplo, uma empresa que atende a dois públicos distintos pode ajustar suas páginas conforme dados ou comportamento do usuário.

3. 1. 2. Página interna

Permite que você ofereça aos seus visitantes conteúdo exclusivo para eles se aprofundarem em seu site. Em muitos casos, seus visitantes não vão entrar na sua página inicial ou em uma página de destino, mas sim em uma página com bom ranking de SEO (rankeamento no Google) e relevante para uma busca específica. Ser capaz de personalizar onde este visitante entrar é, portanto, essencial. Se um usuário acessar uma página de produto você pode mostrar a ele o produto ideal, com base em seu segmento, gênero, ou qualquer outro atributo.

3. 1. 3. Página de destino

Uma página de destino personalizada, que oferta algo ao visitante e tem o intuito de convertê-lo, faz toda a diferença. Direcionar seus visitantes a uma página não personalizada faz com que eles se sintam desconectados. Embora a maioria das páginas sejam projetadas para uma campanha, elas podem receber tráfego de vários canais, por isso é eficaz personalizar com base nos atributos dos visitantes.

3. 1. 4. Pop-ups

Esta é uma ótima opção quando você quer capturar a atenção de um visitante ganhando a atenção dele imediatamente. Invista para ofertas de alto valor e alta importância, pois existe a possibilidade de um visitante não responder bem à interrupção e isso fará com que ele vá embora.

3. 1. 5. In-Zone

Uma experiência *in-zone* acontece quando a plataforma de personalização substitui uma área específica ou zona do site. Muitas dessas zonas são identificadas por etiquetas DIV, que quase todos os sites possuem, tornando muito fácil para a empresa escolher entre diferentes opções, conforme sua necessidade.

3. 1. 6. Widget

Semelhante aos pop-ups, os widgets aparecem quando o usuário navega pelo site. No entanto, eles aparecem do lado esquerdo ou direito da página. A partir de uma perspectiva da experiência do usuário, *widgets* são menos interruptivos, pois fornecem uma visão desobstruída da página, enquanto também oferecem conteúdo personalizado. Widgets são muito utilizados em páginas do blog para ofertar conteúdos relacionados.

3. 1. 7. Redirecionamento

Se você tem um segmento específico que gostaria de receber determinado conteúdo ou, talvez, um site adaptado, a Web Personalization pode ajudar com isso identificando o público rapidamente e redirecionando-o. Com o redirecionamento, este público é identificado com base em suas características e levado para a página ideal.

3. 2. Como começar

Personalizar não é tão difícil, mas pode ser um pouco trabalhoso. Exige pensar no conteúdo e quais elementos serão personalizados. Além disso, a mão na massa é essencial! É uma prática que exige criatividade e algumas habilidades técnicas, por isso este capítulo abrange desde o nível básico até o avançado.

3. 2. 1. Nível básico

Além do *Olá, *|PRIMEIRO NOME|*,* clássico do e-mail, o ideal é coletar mais informações através de formulários, perguntas e, inclusive, das páginas visitadas para se comunicar com as pessoas por meio da mensagem ideal.

Por exemplo, em um formulário o usuário preencheu o setor da empresa, assim você pode criar uma *landing page* (página de destino) ou área do seu site (in-zone) para esse setor.

Suponhamos que ele tenha escolhido "agronegócio", você pode então criar uma página sobre benefícios, conteúdos, cases e muitos outros sobre este tema para ele e toda a lista de pessoas que irão ter esse dado (agronegócio) no campo de segmento da empresa.

3.2.2. Nível intermediário

Pensando em um usuário que visitou uma determinada página, você pode criar outras páginas de diferentes setores ou categorias e enviá-lo (redirecionamento) para a mesma categoria com informações e conteúdos diferentes. Essas informações podem ser rastreadas e enviadas via funcionalidades de *retargeting*, *lead tracking* ou *push notification*. O grande segredo é mapear em qual categoria e setor o usuário está para entregar a mensagem certa.

3.2.3. Nível avançado

Essa parte exige um pouco mais de conhecimento técnico em código e integrações. Dentro das ações, uma delas é pegar informações de um banco de dados e apresentá-las no site

usando o Google Tag Manager e Google Optimize. Veja nos tópicos a seguir o que você pode realizar com cada um deles.

Google Tag Manager

É a ferramenta mais versátil e faz muito mais do que apenas gerenciar tags. Ao instalar o Google Tag Manager no seu site e configurar da forma correta você pode:

- Mostrar uma página inicial diferente para usuários recorrentes com base em suas interações;
- Alterar o título das suas páginas de destino com base na campanha ou canal de origem de seus visitantes;
- Criar pop-ups baseados em comportamento.

Criando uma experiência de personalização com o Google Tag Manager

Em primeiro lugar, é preciso atribuir a cada visitante do seu site um ID de usuário único e armazenar esse ID localmente para o usuário. Isso permite manter as configurações em diferentes sessões. Depois, é preciso segmentar seus visitantes em diferentes grupos de atribuídos aleatoriamente (por exemplo, A/B).

Após fazer a base, é hora de agir na personalização. Se você deseja personalizar sua página inicial para visitantes com base em sua página de origem, você pode dividir em três etapas: criar uma lista de diferentes categorias de intenção e mapeá-las para páginas de destino personalizadas, capturar a intenção do visitante com base em sua página de destino, salvar em seu Local Storage e alterar a mensagem da página inicial (ou outro elemento) para o visitante que retornou ao site.

Por exemplo, digamos que meus visitantes estão divididos entre os seguintes interesses:

1. Ajuda com o marketing da empresa;
2. Ajuda para divulgar produtos nas mídias sociais;
3. Ajuda para decolar a startup.

Para cada uma dessas intenções, eu irei personalizar três páginas de destino, para as quais enviarei tráfego de diferentes canais, por exemplo, organicamente, com anúncios do Facebook e Google Adwords:

1. Consultoria de Marketing: http://fspina.com.br/media/workshop-consultoria/
2. Livros e Cursos: http://fspina.com/store
3. Investimentos para Startups: http://fspina.com.br/media/investimentos/

Este é apenas um exemplo. Para o seu site, pode ser um pouco mais complicado se você tiver muitas páginas para mapear. Para facilitar isso, o Google disponibiliza um recurso, o RegEx. Você pode utilizá-lo para segmentar todas as páginas com base nos caracteres que o URL contém.

Personalização | O que é possível personalizar no seu site?

Bom, e que conteúdo eu gostaria de mostrar a cada um desses públicos? Além de alterar a imagem da capa, eu gostaria de alterar alguns textos, principalmente o subtítulo principal que descreve meu trabalho:

1. Consultoria de Marketing: "Apaixonado por ajudar empresas a crescerem";
2. Livros e Cursos: "Aprenda comigo, na prática, como aumentar suas vendas";
3. Investimentos para Startups: "Investimento, mentoria e operação para Startups".

Depois, posso mostrar um pop-up personalizado para cada visitante deste grupo que retorna ao meu site, tudo de acordo com cada um de seus interesses. Um material rico sobre marketing para empresas, cupom de desconto para o curso de Facebook e Instagram Ads e convite para cadastro da startup, respectivamente.

Google Optimize

O Google Optimize é a ferramenta gratuita de experimentos do Google que, historicamente, oferecia recursos estritamente para realizar testes A/B, testes multivariados e testes de redirecionamento e evoluiu oferecendo recursos de personalização.

Esses recursos permitem que você realize experimentos para determinar quais opções levam seus visitantes a converterem mais. Quando você descobre o que é relevante para eles e as melhores práticas que ajudam a alcançar os seus objetivos, o Optimize pode oferecer experiências personalizadas que promovam o engajamento e melhorem as conversões. Com ele você pode:

- Executar experimentos no site para testar uma hipótese;
- Implantar a melhor variante de forma permanente;
- Personalizar o site com o objetivo de criar a melhor experiência para seus visitantes.

Criando uma experiência de personalização com o Optimize

Para começar com os testes de Web Personalization utilizando o Optimize, primeiro é necessário instalá-lo e conectá-lo à sua conta do Google Analytics. Nele, você irá criar sua experiência de personalização escolhendo a página e tipo de experiência que deseja personalizar para o usuário. Além de editar o texto (sua mensagem personalizada!), ele oferece outras opções que incluem remover elementos, editar e inserir HTML e executar Javascript.

Ao definir a segmentação, o que fará com que a experiência seja exibida ou não para determinado usuário, você pode escolher desde coisas mais simples, como um URL específico ou uma cidade específica, até coisas mais avançadas, como por meio de um cookie primário ou uma variável de camada de dados. Você também pode combinar suas regras de segmentação, o que significa que um usuário precisa atender a vários itens para que a personalização seja aplicada. É possível realizar os seguintes tipos de segmentação:

Segmentação por URL

Permite escolher em quais páginas seus experimentos são exibidos. É útil para exibir variantes de experimentos em um conjunto específico de páginas, facilmente definidas pelo URL. Você também pode usar essa regra de segmentação para testar diversas variantes de uma página de destino.

Segmentação por público-alvo

É possível segmentar seus experimentos de acordo com públicos do Google Analytics, assim você pode concentrar seu experimento em um grupo de usuários que apresentou comportamentos específicos no seu site. Por exemplo, você pode segmentar usuários que têm interesse em uma categoria de produtos específica para ver se uma página inicial personalizada aumenta as conversões.

Personalização | O que é possível personalizar no seu site?

Também é possível criar públicos no Google Analytics para usuários que realizaram uma conversão recentemente, que realizam conversões com frequência ou que passam muito tempo no seu site.

Segmentação por comportamento

Você pode segmentar novos usuários e visitantes que foram direcionados a partir de um referenciador específico. É útil para segmentar os visitantes novos do seu site. Assim, é possível testar uma nova variante de conversão para usuários que nunca estiveram no seu site antes. Você também pode usar esta regra para segmentar visitantes que foram direcionados a partir de sites especificados.

Segmentação geográfica

Use a segmentação geográfica para segmentar os usuários de uma cidade, região, área metropolitana ou país específico. Por exemplo, você pode convidar usuários de uma cidade específica para participar de um evento presencial ou visitar sua loja física.

Segmentação por tecnologia

Essa regra possibilita segmentar os usuários provenientes de um navegador, sistema operacional ou dispositivo específico. O Optimize identifica esses dados e você pode utilizá-los como regra de segmentação. Essa opção facilita segmentar visitantes que usam dispositivos móveis e divulgar para eles aplicativos próprios para estes dispositivos, por exemplo.

Variável JavaScript

Informações como produto, carrinho e detalhes da página são frequentemente armazenadas em variáveis JavaScript, assim, você pode veicular experimentos com base nesses valores. Por exemplo, você pode segmentar clientes com produtos entre R$100 e R$150 no carrinho e oferecer variações de uma promoção de frete grátis.

Cookie primário

É possível identificar se um visitante possui um cookie primário do seu site e usar essa informação nas regras de segmentação. Essa opção é frequentemente usada para verificar se um usuário realizou ou não login. Também pode ser útil para recuperar o valor de qualquer cookie primário que você tenha definido no navegador do visitante. Um exemplo é segmentar os visitantes que fizeram login, criar uma regra que verifique se um usuário fez ou não login no seu site, e veicular variações de experimentos somente para usuários que fizeram login.

JavaScript personalizado

Com a segmentação por JavaScript personalizado, você poderá inserir o JavaScript em uma página e segmentar seus experimentos com base no valor que o JavaScript retornar.

Por exemplo, é possível segmentar os visitantes que acessam seu site na parte da manhã, tarde ou noite, e testar o que funciona melhor com cada um deles.

Parâmetro de consulta

Você pode segmentar páginas e grupos de páginas específicos, pois o Optimize pode verificar os parâmetros de consulta e usar essa informação nas regras de segmentação. Assim, é possível segmentar usuários que pesquisaram um produto específico no seu site, que foram alvo de um e-mail marketing ou campanha específica.

Variável da camada de dados

Em vez de fazer referência a variáveis JavaScript nas suas condições de segmentação, você pode fazer referência a pares de valores-chave armazenados na camada de dados. Convém criar uma condição de segmentação que faça referência a dados do carrinho de compras ou outras informações disponíveis na página. Por exemplo, você pode segmentar usuários que estão prestes a comprar um determinado produto ou que acabaram de fazer uma compra de mais de $200. Em vez de recuperar o código do produto ou o valor da compra a partir de variáveis JavaScript, você pode armazenar essas informações na camada de dados e recuperá-las a partir de lá.

3. 3. Como começar a testar

Algumas empresas imaginam o motivo de seus visitantes estarem rejeitando uma página e aceitando melhor outra, ou o porquê dos clientes estarem abandonando uma compra na página de frete. Porém, somente com os experimentos é possível validar esses palpites.

Comece criando testes A/B, multivariável ou de redirecionamento com o Optimize e descubra se sua hipótese está correta. Ao encontrar o experimento com os melhores resultados você poderá implementá-lo de forma permanente ou adaptar a um grupo específico de visitantes.

A personalização é um conjunto de alterações feitas no site para um grupo específico de visitantes. Ao contrário dos experimentos, as personalizações podem ser permanentes e não têm variantes. Elas são um conjunto único de alterações veiculado para uma pessoa que atenda às condições da segmentação.

Pronto para começar sua prática de personalização?

4. Quais ferramentas utilizar

Falei no capítulo anterior sobre como personalizar utilizando o Google Tag Manager e o Optimize, agora vou entrar a fundo em algumas outras ferramentas que podem ser usadas.

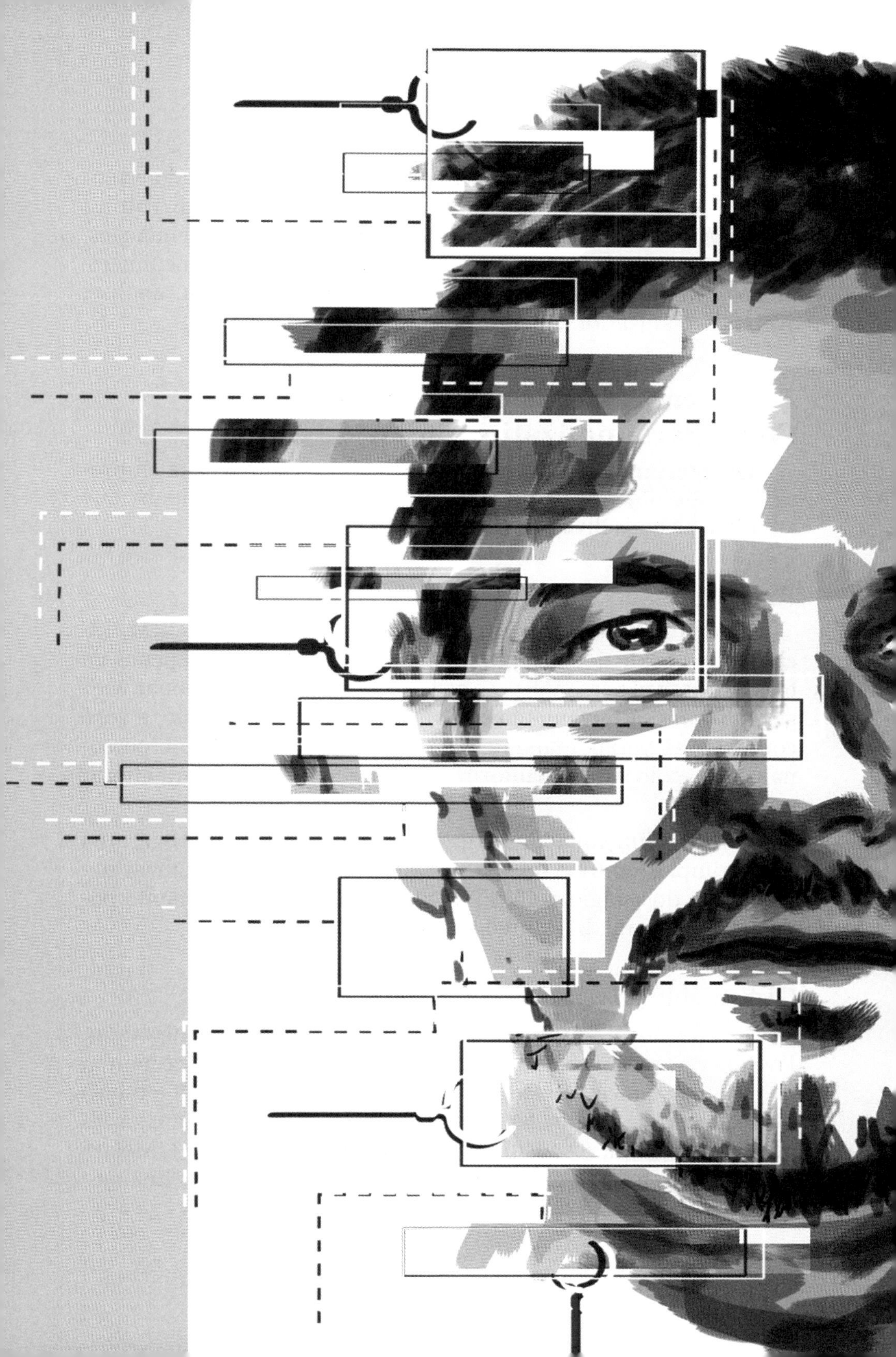

Como ferramentas e softwares estão sempre evoluindo e sendo aprimoradas com o passar do tempo, no link http://bit.ly/socialads-ferramentas você encontra as minhas recomendações, sempre atualizadas. São diversas ferramentas de autoconhecimento, produtividade, automação, anúncios, conteúdo, análise, Web Personalization e ABM.

4. 1. Ferramentas de Personalização (Web Personalization)

Qual ferramenta utilizar vai depender do ramo da sua empresa e do seu objetivo. Aqui está uma lista com as principais, que atendem as mais diversas necessidades.

RightMessage

É uma ferramenta que permite integração com o CRM, incluindo o uso de dados de campo personalizados e não apenas de tags. É possível personalizar o seu site e não apenas adicionar widgets e seções. A ferramenta está dividida em segmentação, e você configura as várias maneiras de segmentar seu público e personalização, colocando as informações de segmentação para alterar seu site.

Uma das funcionalidades que eles oferecem é o RightBar, uma barra simples no topo do seu site que você pode personalizar dependendo do estágio do funil do visitante. É uma ferramenta poderosa e, no geral, bastante fácil de usar.

Optimizely

É uma plataforma de experimentação para testar hipóteses. Possui a mesma função e é muito similar ao Google Optimize, porém oferece mais funcionalidades. Possibilita experiências A/B e multipágina fáceis de usar e oferece suporte à experimentação em várias plataformas (web, dispositivos móveis, iOS, Android etc.). Mostra resultados de forma organizada e amigável, usando o Stats Engine.

Mais importante, o Optimizely permite segmentar as variações do seu experimento com base em campanhas, geografia, cookies e uma variedade de outras dimensões para ajudar você a criar e otimizar o conteúdo personalizado com base no seu segmento de público-alvo. Com recursos como o editor visual, permite que usuários com conhecimento limitado em codificação criem e iniciem facilmente experimentos, ou seja, é uma ferramenta indicada tanto para usuários iniciantes quanto para experientes.

Adobe Target

O Adobe Target orienta você por meio de um fluxo de trabalho de três etapas, nas quais você cria a variante primeiro, depois segmenta a variante com base na segmentação do visitante e, por último, personaliza suas metas e configurações para o teste.

O recurso mais interessante do Adobe Target é a personalização automatizada. O algoritmo de autoaprendizagem se ajusta de maneira contínua e automática para fazer associações entre o comportamento do visitante e o conteúdo a fim de oferecer os melhores resultados possíveis. A adaptação em tempo real do conteúdo pode ajudá-lo a atender melhor às necessidades de diversos visitantes.

Certona

A Certona é o único fornecedor de personalização com uma abordagem patenteada para personalizar os momentos digitais em todos os pontos de contato com o cliente, incluindo web, celular, lojas, e-mail e call centers.

O que ela possibilita:

- Personalização *Omnichannel*: personaliza experiências na web, em dispositivos móveis e na loja;
- Recomendações de produtos: combinar dados contextuais com dados comportamentais para orientar recomendações individualizadas;

| Personalização | Quais ferramentas utilizar |

- Descoberta guiada: recriar online o serviço da loja física com uma ferramenta que ajuda o cliente a encontrar o que ele está procurando mais rapidamente;
- Personalização da pesquisa no site: com recomendações visuais, páginas personalizadas de produtos e categorias;
- E-mail e remarketing: personaliza campanhas para cada cliente;
- Testar e analisar: segmenta diferentes públicos e analisa os resultados.

Se você atua no varejo e quer uma solução comprovada, a Certona é uma excelente escolha.

Cxense

O *Cxense Insight* mostra em tempo real como seus usuários consomem seu conteúdo. Você pode obter relatórios de tráfego agregados e detalhados, pode identificar os sites externos que direcionam o tráfego para o site da sua empresa, analisar o tráfego dividido em diferentes navegadores, dispositivos e sistemas operacionais, acompanhar a popularidade dos artigos e páginas individuais de seu site.

Além disso, você pode escolher prazos e adicionar filtros para aprofundar ainda mais e analisar os padrões de tráfego. As empresas podem acompanhar em tempo real em quais produtos e conteúdo o público está interessado, para proporcionarem uma melhor experiência personalizada a esse público.

Dynamic Yield

Com o Dynamic Yield, você será capaz de realizar testes A/B e otimizações em todas as plataformas (desktop, mobile, aplicativos). Esses testes são de natureza preditiva e aproveitam os recursos de machine learning para melhorar continuamente o ROI.

A ferramenta é especializada em soluções avançadas de personalização omnichannel. Você poderá segmentar e quantificar cada interação e resposta do usuário e ajustar dinamicamente seu conteúdo para melhor atender a cada um deles. Os recursos prontos para uso são impressionantes e rápidos de implementar. Sobreposições, mensagens e mudanças de conteúdo podem ser feitas instantaneamente, permitindo que os testes sejam executados rapidamente.

Além disso, a criação de ações personalizadas permite preencher a lacuna entre testes online e offline, realizando alterações de código diretamente na página.

Evergage

O Evergage é uma plataforma de personalização em tempo real que permite implantar experiências 1:1 em vários canais: websites, aplicativos, dispositivos móveis, e-mail e pesquisa. Ela possibilita rastreamento comportamental, segmentação baseada em dados de entrada comportamentais e externos, mensagens acionadas, um mecanismo de recomendação e análises. Também inclui uma plataforma de dados do cliente que compila perfis usando dados pessoais, situacionais, de ciclo de venda, afinidade e intenção.

O conjunto de ferramentas fornece testes A/B e testes multivariados, bem como pesquisas. Essa ampla paleta de recursos é ideal para profissionais de marketing experientes que desejam explorar várias opções de otimização da taxa de conversão.

Intellimize

É uma plataforma de personalização preditiva que automatiza muitos dos aspectos mais trabalhosos e demorados da configuração e execução de testes A/B. Com recursos de machine learning, a ferramenta testa personalizações e prioriza, automaticamente, o resultado vencedor.

Monetate

O Monetate é outra ferramenta de teste que fornece insights valiosos. Oferece uma ferramenta de teste e segmentação, além de uma ferramenta de personalização. Você pode executar testes A/B avançados e testes multivariados. Ela também fornece dados de significância estatística e testes dinâmicos que ajustam a alocação de tráfego para otimizar o ROI.

O Intelligent Personalization Engine da Monetate é um mecanismo avançado de machine learning que determina quais ações o ajudarão a atingir um determinado objetivo. Isso significa que você pode automatizar e otimizar as decisões de personalização.

Omniconvert

O Omniconvert fornece mensagens baseadas em pesquisas, testes AB, personalização, sobreposições e segmentação em sua ferramenta CRO all-in-one. No geral, ele captura as tendências de mercado e ainda usa testes A/B para validar os resultados coletados.

Personyze

O Personyze permite personalizar quase tudo que seja tecnicamente possível, com base em mais de 70 atributos de visitantes, incluindo comportamento, referência, dados de CRM e muito mais.

Oferece um kit de ferramentas completo para criar experiências personalizadas em toda a web, aplicativos e e-mail. Inclui um mecanismo de recomendação e segmentação e um conjunto de widgets para criar e personalizar conteúdo para cada contato, desde a página de destino até o fluxo de e-mail.

Proof

A Proof é uma solução projetada para aumentar as conversões usando técnicas de prova social personalizadas. Com a rápida instalação de um pixel, o suporte de integração do Proof também se conecta a plataformas de CMS e CRM.

Uma vez adicionados, os recursos incluem a exibição de notificações de prova social que exibem as ações ao vivo e a atividade de outros visitantes do site à medida que convertem. Essa afirmação de ação de outros clientes destina-se a assegurar e influenciar outros visitantes a se converterem para os próprios clientes.

Qubit

É uma plataforma de testes focada em personalização, tornando-se uma das ferramentas de segmentação mais fortes do mercado. Com o Qubit, você poderá executar testes A/B e testes multivariados para medir o progresso e a eficácia de várias técnicas de personalização. Você também terá acesso à recuperação de abandono de carrinho, recomendações de produtos e ferramentas de prova social.

Ele oferece grandes ideias de teste A/B baseadas em evidências quantitativas e qualitativas e uma excelente comunicação e clareza nos resultados dos testes. Uma ótima opção para e-commerce.

Apptus eSales

O Apptus eSales é um pacote de software de e-commerce que trabalha para ativar o merchandising preditivo. Oferece adaptação nos resultados de pesquisa, classificação de produtos relevantes com base na relevância ou no comportamento do cliente, recomendações com base no carrinho de compras do cliente e exibe anúncios relacionados à pesquisa ou aos produtos que o usuário está procurando. Outra solução fantástica para e-commerce.

Bound 360

O Bound 360 é uma plataforma intuitiva que implementa conteúdo personalizado no site. Ele oferece recurso de segmentação, personalização avançada (HTML, JavaScript, CSS) e conta com uma implementação fácil e análise em tempo real. Simples e completo.

Unless

Com o Unless você pode personalizar todo o site. Ao acessar dados específicos do visitante, você pode ir além do teste A/ B e concentrar seus esforços de otimização em públicos ou indivíduos de alto valor. Apresenta UX simples para um produto complexo.

No geral, pouco ou nenhum conhecimento de código é necessário, seus complementos inteligentes são simples de implementar e obtêm resultados rápidos. O desempenho do serviço é muito bom. Uma ótima solução para agências, com suas personalizações ilimitadas, vários usuários disponíveis, entre outros.

Qwardo

A Qwardo oferece um software de marketing de conteúdo e inclui recursos como integração de banco de dados de leads. Com tecnologia de inteligência artificial, a plataforma permite que as empresas aumentem o engajamento do site, gerem leads de qualidade e obtenham insights de conteúdo.

Uberflip

O Uberflip é uma plataforma que permite criar, personalizar, gerenciar e otimizar as experiências de conteúdo que envolvam os clientes. Suas características incluem recomendações de conteúdo, automação de marketing, geração de leads e ferramentas de análise.

RichRelevance

Uma ferramenta profissional de Personalização para Grandes Empresas com várias funcionalidades:

Quais ferramentas utilizar | **Personalização**

Visão Geral da Plataforma RichRelevance	Um overview de todos os produtos que compõe a Plataforma: - Recomendação de Produtos - Busca Personalizada - Conteúdo Personalizado - Navegação Personalizada + Todo o poder da Inovação e APIs
Find™ – A primeira Busca personalizada	O RichRelevance Find redefine a busca por meio de uma entrega única, resultados contextualizados em tempo real baseados na intenção de compra do cliente, comportamento e preferências.
Os Aspectos da Busca Personalizada e a sua importância na Experiência do Cliente	Quando os usuários buscam, eles perguntam e, por vezes, pedem que o mecanismo de busca os responda como se entendesse quem são eles e o que eles querem dizer com aquele conjunto de letras e palavras. Pensando nisso, a RichRelevance resolveu o desafio complexo da Busca no eCommerce considerando e compreendendo os três aspectos essenciais de uma query de múltiplas dimensões.
Find™ – A primeira busca com 3 Camadas de Personalização	A RichRelevance reimaginou a Busca no comércio eletrônico com o Find™ – a única solução completa de busca online que incorpora 3 camadas de personalização
O Modelo de Personalização Omnichannel™	O Modelo de Maturidade de Personalização Omnichannel descreve o desenvolvimento dos relacionamentos individuais com seus clientes em qualquer canal. Ele oferece um guia estratégico de como desenvolver as capacidades e a tecnologia necessárias para ter sucesso na personalização multicanal.
Chegue ao nível da Hiper-personalização	A Hiper-personalização permite a profissionais de marketing fazerem o que as marketing clouds não fazem: monetizar e entregar experiências personalizadas em tempo real, num nível individual.
Hiper-personalização: O auge da Personalização para os Profissionais de Marketing	Nessa publicação, mostramos o que é a personalização de experiência, como seria uma estrutura criada para essa finalidade, quais seriam as partes constitutivas da sua plataforma e como elas funcionariam em conjunto; tudo isso com base na nossa experiência prática na criação desse tipo de estrutura. A intenção desse artigo é analisar de forma lógica e transformar o modelo em uma prova de conceito, demonstrando sua aplicação prática atual por meio de exemplos e casos de uso reais.

Personalização	Quais ferramentas utilizar
Resolvendo o vazio entre o conteúdo e contexto por meio da personalização	Um sistema de gerenciamento de conteúdo (CMS) é uma ferramenta importante no arsenal do profissional de marketing, para a criação de conteúdo, gerenciamento e publicação eficientes. Embora CMSs mais sofisticados possam segmentar e agrupar o público para fornecer conteúdo relevante, eles não são planejados para fornecer experiências personalizadas do cliente. As plataformas de personalização complementam os CMSs para transformar o fornecimento de conteúdo genérico em interações altamente personalizadas, em tempo real e relevantes, baseadas no comportamento, histórico e preferências individuais. Uma plataforma de personalização é necessária para promover conteúdo disponível e contexto para unir a brecha de um sistema de marketing de ciclo aberto para um de ciclo fechado, que utiliza uma abordagem dirigida aos dados para fornecer uma experiência do cliente (CX) personalizada.
Ingestão de Dados Multicanais	Tirando proveito da inteligência multicanal para suas estratégias de personalização
Personalização na Loja	A loja física continua a ser a base do varejo, oferecendo aos clientes a possibilidade de tocar e sentir os produtos, experimentar verdadeiramente as marcas e desenvolver relacionamentos com os vendedores que os orientam e ajudam em suas compras.
Como Inovar Rapidamente no Varejo - A necessidade de uma plataforma de personalização moderna	Este documento é dividido em duas partes. A primeira parte cobre em detalhes a mudança em inovação no varejo. A segunda parte descreve as qualidades que uma plataforma de personalização moderna precisa ter para introduzir novas ideias e inovação na experiência de varejo: ser poderosa, em tempo real e aberta (PRO).

Como acontece com qualquer ferramenta, o benefício que você recebe é proporcional ao esforço que você investe. As ferramentas fornecem um apoio valioso para alavancar sua estratégia de Web Personalization, mas é importante reservar tempo para compreendê-la e como ela se encaixa na estratégia como um todo.

A ferramenta deve se adequar a estratégia e não ao contrário.

5. Account-Based Marketing (ABM)

Até aqui você já entendeu o conceito e como fazer Web Personalization: como segmentar, personalizar para seus visitantes e quais ferramentas utilizar. Agora, você encontra o passo a passo de como fazer uma estratégia focada no ICP (Ideal Customer Profile ou perfil de cliente ideal). Para isso, é preciso colocar em prática o conceito de ABM, ou Account-Based Marketing.

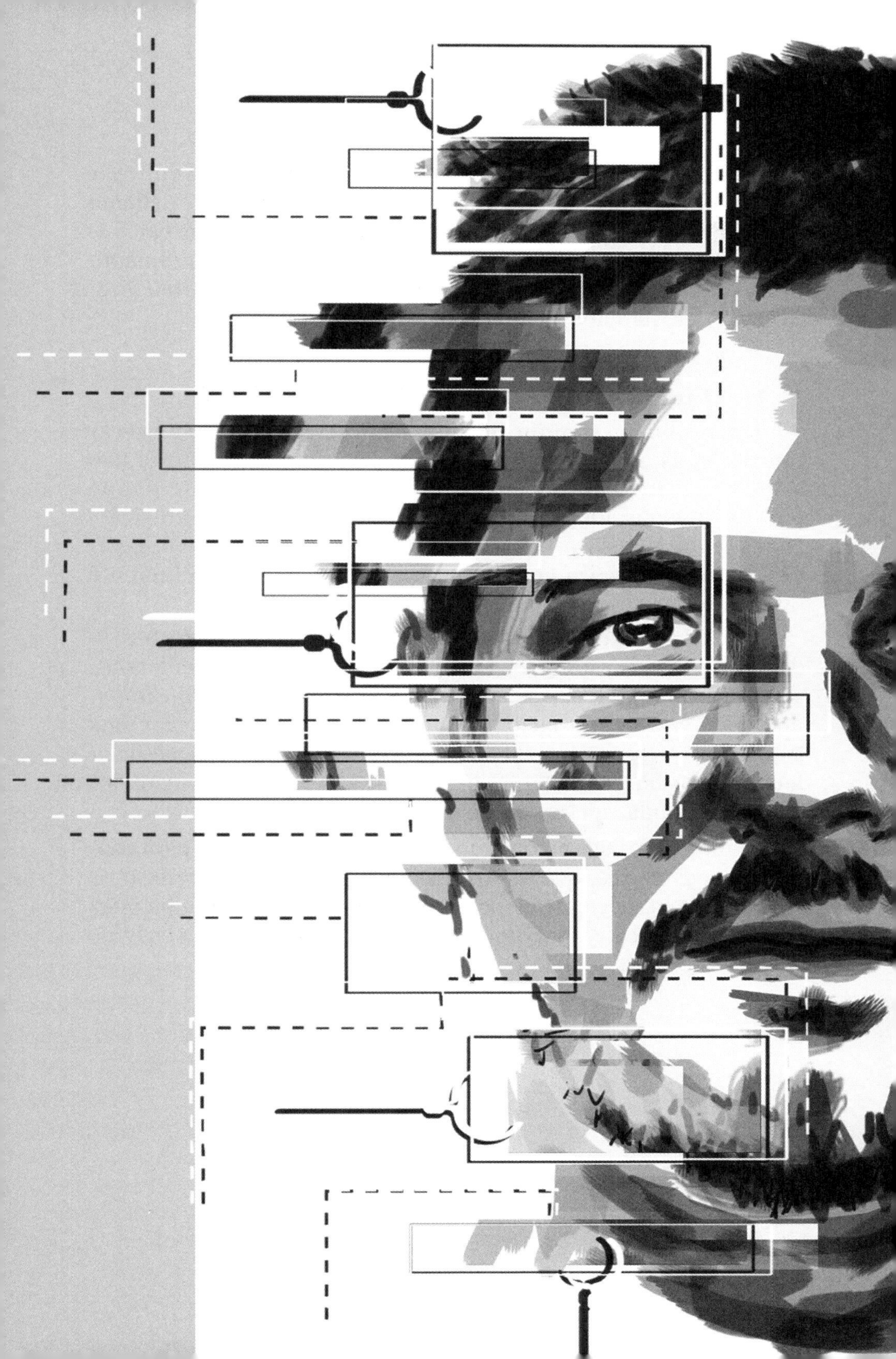

Web Personalization e ABM é o casamento perfeito, é entregar o conteúdo certo, com a mensagem certa para seu ICP —- cliente ideal. Personalização é parte chave da estratégia. Para que ela funcione e traga os resultados esperados é preciso um entendimento profundo dos conteúdos, mensagens e campanhas que serão direcionadas a esses clientes tão importantes.

5. 1. O que é Account-Based Marketing

Um problema comum em empresas de vários setores é gerar muitos leads, mas a maioria não ser qualificado. A maioria não avança dentro da jornada de compra, ou demora muito tempo para isso, exige longo tempo e grandes esforços de nutrição. No entanto, é possível trocar sua estratégia com foco na geração de leads em alto volume para geração de leads altamente qualificados.

O ABM, ou Account-Based Marketing, é uma estratégia baseada em focar seus esforços de marketing em contas pré-definidas, selecionando quem são seus potenciais clientes, fazendo campanhas para atrair e se relacionar com eles. Em resumo, é pegar uma lista de prospecção de perfil de cliente ideal e trabalhá-la paralelamente à sua estratégia de Inbound Marketing. Atrair e engajá-los para em seguida vender: é esse o objetivo.

Vamos supor que estou indo pescar e levo meu anzol para conseguir meus peixes, que são os meus leads. Para eu identificar os consumidores (peixes) que possam se interessar pela minha oferta, eu jogo a isca e aguardo. No caso, essa isca é uma oferta de geração de leads.

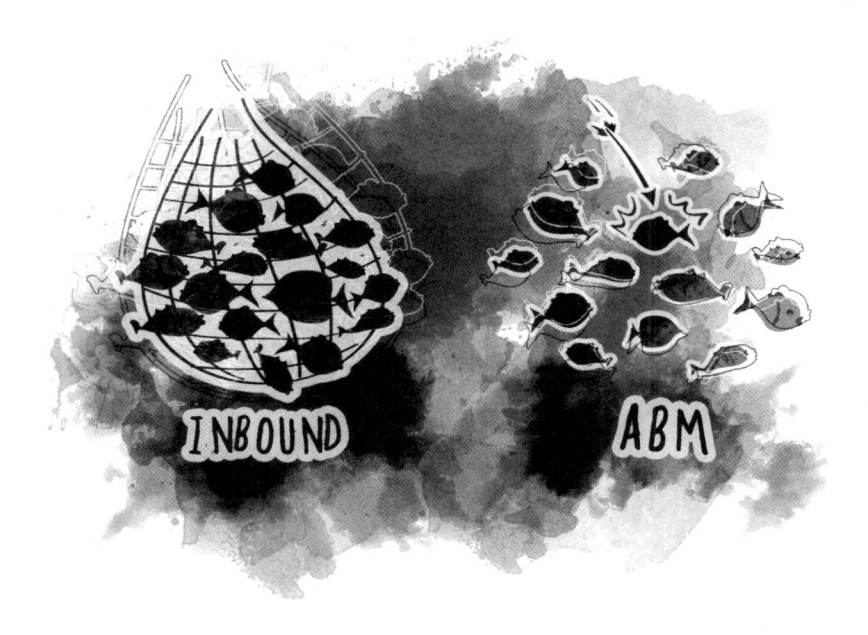

Depois que os leads forem gerados, eles serão qualificados para avançarem para o meio e fundo de funil. Provavelmente, acabam entrando muitos leads que ainda não são qualificados e não descem no funil. Pode ser, por exemplo, uma bota que enganchou no anzol, ou peixes muito pequenos para o prato que eu desejo preparar.

Agora, no ABM, a analogia seria pescar com uma flecha, escolhendo diretamente o peixe que eu desejo e ser mais preciso, em vez de chamar vários possíveis interessados com um anzol. Estarei focando em leads pré-selecionados. É certeiro. Um funil de vendas ao contrário.

Personalização | Account-Based Marketing (ABM)

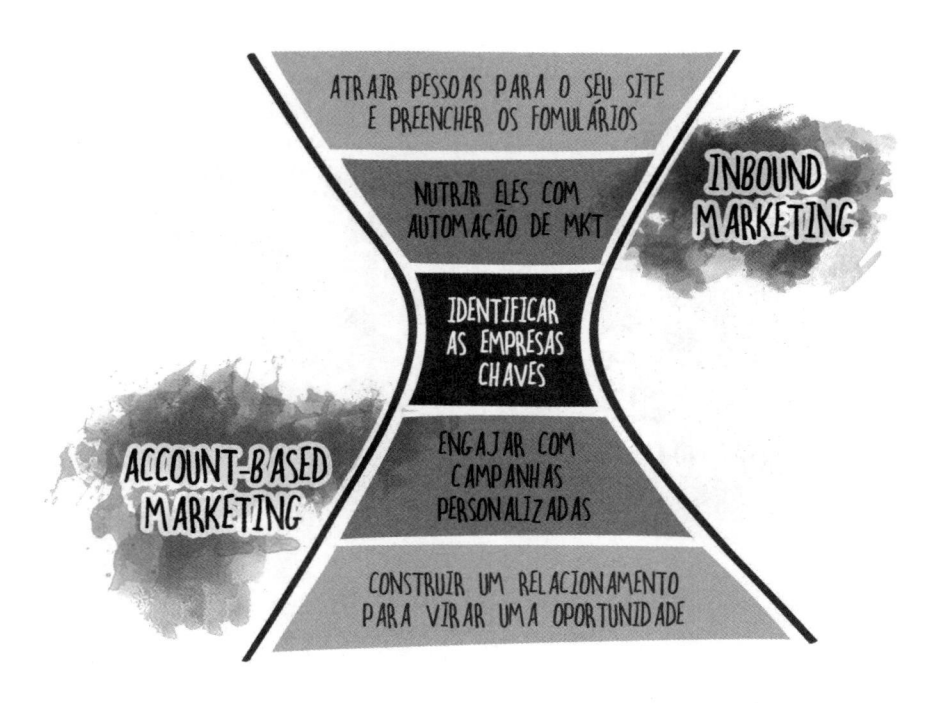

INBOUND MARKETING
- ATRAIR PESSOAS PARA O SEU SITE E PREENCHER OS FOMULÁRIOS
- NUTRIR ELES COM AUTOMAÇÃO DE MKT

ACCOUNT-BASED MARKETING
- IDENTIFICAR AS EMPRESAS CHAVES
- ENGAJAR COM CAMPANHAS PERSONALIZADAS
- CONSTRUIR UM RELACIONAMENTO PARA VIRAR UMA OPORTUNIDADE

Foco em contas, não em Leads

O Inbound Marketing é construído em torno do lead, o potencial cliente que avança ao longo de seu funil até que esteja pronto para comprar. Mas na maioria dos casos, o comprador nunca é uma única pessoa. Ele ou ela é, quase sempre, parte de uma equipe de compra. E quanto maior o negócio, mais pessoas e departamentos estão envolvidos.

É por isso que tantas empresas B2B estacionam em seus esforços na geração de demanda. Aí que o marketing para contas e não para leads entra: o Account-based Marketing.

Em B2B, você nunca está vendendo a apenas um indivíduo.

Em cada negócio complexo B2B, há muitas pessoas envolvidas e cada uma delas com motivações e dores diferentes. Cada uma tem uma visão do seu produto ou serviço de uma perspectiva diferente.

Para apoiar a venda de forma eficaz, é fundamental que a equipe entenda como cada indivíduo se encaixa na conta como um todo, quais as relações, influências e conexões que os unem.

5. 1. 1. Principais benefícios do Account-Based Marketing

ABM é uma espécie de resposta ao Inbound Marketing. O Inbound Marketing é ótimo, uma evolução e tanto do marketing genérico feito por muitos anos. Mas você não tem total controle sobre quantidade e qualidade. Já no ABM, além desse controle, você tem outros grandes benefícios.

Eficiência: concentra tempo e recursos em contas com maior probabilidade de gerar receita. É uma estratégia que foca 100% do tempo, orçamento e esforços sobre as contas-alvo.

Grandes retornos: O sucesso de uma campanha de ABM pode superar múltiplas campanhas menores de ofertas para geração de demanda tradicional. Quando ABM ganha, ganha grande.

Taxas de fechamento: ABM aumenta as taxas dos fechamentos mais difíceis. Uma pesquisa* do The SiriusDecisions 2017 State of Account Based Marketing Study mostrou que 91% dos entrevistados afirmaram que as contas de ABM tiveram uma taxa maior de fechamento.

Aceleração: Negociações de ABM têm ciclo menor porque elas visam ativamente todos os influenciadores e tomadores de decisão, além de enviar a mensagem certa para eles.

Alinhamento: ABM integra fortemente suas equipes de vendas e de marketing. Por definição, exige que elas se concentrem nas mesmas contas com critérios e acordos claros.

Excelência em vendas: Vendas querem ter negociações de desafiadoras, que mostrem diferencial e, claro, resultados. ABM fornece a estratégia ideal e estrutura para isso, além de e oferecer os insights sobre a conta que ajudam isso a acontecer.

Personalização | Account-Based Marketing (ABM)

Experiência do cliente: ABM proporciona a experiência que os clientes exigem — e merecem. Ofertas e conteúdos altamente personalizados são sincronizados em todos os canais e direcionados para maximizar a relevância.

Expansão de contas existentes: ABM guia a expansão de conta de clientes existentes de forma inteligente. Muitas empresas obtêm mais receita (e crescimento da receita) de clientes atuais.

5. 1. 2. Tipos de ABM

Nos últimos anos, a crescente demanda pelo ABM levou as empresas a desenvolverem e implementarem três tipos distintos: ABM Estratégico, ABM Lite e ABM Programático.

ABM Estratégico (One-to-one): planos de marketing altamente personalizados para contas individuais

Criando e executando planos de marketing altamente personalizados para contas individuais, essa abordagem é geralmente reservada para contas estratégicas e executada em uma base one-to-one.

As equipes constroem relacionamentos mais fortes com os clientes e potenciais clientes ideais por meio de interações de marketing altamente direcionadas, que demonstram um conhecimento profundo de seus problemas de negócios.

Mais importante, a ABM estratégica é feita com clientes, não para eles. Com essa abordagem, o profissional de marketing trabalha diretamente com poucas contas estratégicas (5-20 contas), juntamente com o time de vendas, criando planos e programas de marketing totalmente personalizados para cada conta individualmente.

ABM Lite (One-to-few): campanhas levemente personalizadas para grupos de contas

Com o ABM Lite, campanhas de marketing são tipicamente focadas em pequenos grupos de contas em vez de contas individuais, geralmente 5-15 grupos, que compartilham atributos, desafios e iniciativas de negócios similares.

A colaboração com as vendas é focada principalmente em pontos-chave de decisão, como quais contas visar, quais assuntos devem ser destacados, quais conteúdos promover e como adaptar o conteúdo existente para as campanhas.

ABM programático (one-to-many): campanhas para contas específicas em escala

Com o ABM Programático, o marketing muda seu foco tradicional de gerar, nutrir e se relacionar com leads por pessoa para uma visão baseada em contas (500+ contas). Essa abordagem one-to-many é possível devido às tecnologias que permitem direcionamento, análise e personalização em centenas ou até milhares de contas identificadas.

Com apenas um profissional de marketing trabalhando em centenas de contas, o ABM Programático é muito menos intensivo em recursos de marketing e pode fornecer uma cobertura muito além do ABM Estratégico ou do ABM Lite. Entretanto, a ABM programática pode e deve estar alinhada com a área de vendas.

5. 1. 3. Como começar uma estratégia de ABM

Uma das etapas mais básicas mas mais importantes para criar um programa de ABM é selecionar sua abordagem tática. Você pode escolher com base no valor estratégico de suas contas, na sua tecnologia de marketing e no número de contas que planeja segmentar, por exemplo. Analise cada um dos três tipos e defina qual melhor se encaixa no seu cenário atual.

O desafio é a escala da estratégia para que você possa resolver solicitações internas da equipe de vendas, mas ao mesmo tempo não perder a abordagem da ABM.

O processo

Ao olhar para os mais bem-sucedidos praticantes de ABM, surge um padrão. A maioria segue uma série de passos que você pode replicar:

1. Criar o perfil ideal de conta;
2. Selecionar as contas que se encaixam no perfil ideal;
3. Criar conteúdo personalizado;
4. Lançar campanhas;
5. Mensurar e analisar.

Em todas as etapas, o time de marketing trabalha lado a lado com a equipe de vendas para definir os objetivos, identificar quem são as contas, customizar as campanhas e definir as métricas de sucesso. O trabalho em conjunto segue até a mensuração de resultados e etapa de feedbacks. Garantir que as equipes estejam alinhadas é essencial para o sucesso das ações.

5. 2. Como montar o perfil ideal de conta (ICP)

O principal ponto de ABM é concentrar os seus esforços de vendas e de marketing em um número de contas de alto valor que têm o maior potencial de receita. Porém, antes de desenvolver conteúdo e engajar estas contas, você precisa responder algumas perguntas específicas:

Para quem especificamente você está vendendo?

Lembre-se: você pode estar segmentando várias empresas, mas são indivíduos específicos dessas organizações que compram seus produtos e você precisa entender motivações e gatilhos de compra.

Quais são seus objetivos e dores? Como eles avançam nas etapas da jornada de compra?

Quanto melhor você conseguir responder a estas e outras questões relacionadas, mais precisamente irá seguir no rumo certo da estratégia como um todo.

As respostas a essas perguntas devem vir de sua equipe de vendas, dados de marketing, ferramentas de análise preditiva e ferramentas de rastreamento.

5. 2. 1. Conta-alvo e Características da Persona

Em seguida, identifique quem é o seu ICP (*Ideal Customer Profile*), o seu cliente ideal. Faça uma análise dentro da sua base para saber quem são os seus melhores clientes, aqueles que têm o melhor engajamento, que conhecem bem as funcionalidades do seu serviço ou produto e que indicariam sua empresa para seus amigos e parceiros com base em uma nota de NPS (Net Promoter Score).

Com base nas experiências do seu negócio, pense: que tipo de empresa é o seu cliente dos sonhos? O exercício de criação do cliente ideal pode ser aplicado tanto para negócios B2B como B2C. Quando falamos de criar o ICP para B2B, seus dados vêm de Firmographics e Technographics.

Os dados Firmographics podem incluir o tamanho da empresa, número de funcionários e indústria enquanto os Technographics as tecnologias complementares à sua, tecnologia que exclui a sua ou torna o investimento menos provável. As principais fontes para captar esses dados incluem:

- Dados de CRM;
- Web analytics;
- Relatórios de automação de marketing;
- Atividades do time de vendas;
- E-mails;
- Pesquisas.

5. 2. 2. Exemplo de modelo de persona de conta

Como em B2B você não vende para um indivíduo, um lead, e sim para uma conta, há várias pessoas envolvidas. Assim, o ICP — cliente ideal — é uma persona de conta.

O seguinte modelo é um exemplo para guiá-lo. Ele inclui tanto dados firmographics e individuais, parâmetros essenciais para garantir a criação de conteúdo assertivo. A sua persona de conta deve ser personalizada às suas necessidades organizacionais e pode não incluir todos os elementos.

| Personalização | Account-Based Marketing (ABM) |

Visão geral do perfil:

Empresas de primeira linha que são fornecedores diretos de OEMs (fabricantes de equipamentos). As equipes são compostas por um gerente de programa (que supervisiona toda a produção do processo de montagem), qualidade, engenheiros mecânicos e compradores.

Engenheiros são especialistas técnicos que se concentram no ajuste e funcionalidade das peças e garantem que as certificações de qualidade estão em ordem. Eles trabalham na fábrica, onde o produto está sendo feito.

Os compradores são responsáveis por ter as peças certas em quantidade suficiente para garantir que o processo de fabricação corra bem e não atrase. Eles trabalham na fábrica e podem apoiar outras equipes. Se reportam aos gerentes de commodities. Eles compram para categorias inteiras e são responsáveis pelo orçamento, negociando o preço.

Atributos do perfil

Firmographics
- Cargos:
    - Gerente de programa: supervisiona a montagem de peças;
    - Commodity Manager: compra por categoria, negocia, trabalha fora do escritório corporativo;
    - Buyer: compra para um programa específico, faz o trabalho de gerente de commodities, normalmente trabalha fora do local;
    - Engenheiro de software: ajuste e funcionalidade das peças para especificações;
- Engenheiro de qualidade: garante que as certificações estejam em ordem.
- Tamanho da empresa: mais de 200 funcionários;
- Áreas funcionais: compras, engenharia;

- Geografia:
  - Normalmente perto de instalações de fabricação OEM;
- Outras considerações:
  - O trabalho é atribuído por programa (determinada marca / modelo);
  - Longo ciclo de venda, normalmente 12-18 meses.
- Responsabilidades:
  - Montar e entregar peças em tempo hábil com ajuste e especificações funcionais;
  - Garantir a qualidade e que as certificações estejam em ordem;
  - Gerenciar o estoque de peças recebidas por fornecedores;
  - Negociar com fornecedores.
- Motivações:
  - Preço e entrega;
  - Confiabilidade e escalabilidade;
  - Reputação pela qualidade;
  - Suporte de serviço e engenharia.
- Dores:
  - Estão sempre tentando reduzir custos;
  - Precisam atender aos rigorosos requisitos de qualidade dos órgãos regulamentadores;
  - Entrega de peças de qualidade consistente.
- Assuntos de interesse:
  - Reduzir custos de material;
  - Melhorar a qualidade para atender aos padrões e regulamentações governamentais;
  - Aumentar a consistência na entrega para melhorar a previsibilidade.

Após a fase de identificação de perfil da conta, é hora de selecionar contas que se encaixem nesse perfil para atrair e fazer a prospecção. A lista de contas será baseada no ICP para garantir que serão feitas as campanhas corretas e mais leads qualificados serão atraídos.

5.3. Como montar uma lista de contas

A seleção das contas é um passo crítico, pois sua lista de contas guiará todas as suas ações de ABM. Esta é uma parte muito importante para o sucesso da estratégia.

Depois de determinar os critérios de contas, o ICP, você irá identificar contas específicas que se encaixem nesse perfil. Durante o processo, é importante considerar uma ampla variedade de opções. É fácil ir direto para as perspectivas atuais ou até mesmo organizações que você gostaria de prospectar, mas essas contas são apenas uma peça do quebra-cabeça.

Além das perspectivas atuais ou possíveis, você também deve considerar os clientes existentes com oportunidades de expansão, bem como parceiros e organizações que atualmente trabalham com concorrentes. Em geral, se uma organização se encaixa nos seus critérios e você acredita que pode agregar um valor significativo, você tem um bom argumento para adicioná-la à sua lista.

Há uma série de fatores que você pode escolher para essa definição, mas as questões que norteiam o processo incluem:

- Para que contas a empresa tem vendido mais?
- Que tipos de contas têm provado ser mais rentáveis?
- Que características devo excluir de uma conta?
- O que explica entregar o maior valor (que pode incluir as receitas, bem como valor estratégico)?

Determine quais contas você irá segmentar com base no seu ICP, mas você também pode usar informações adicionais para segmentar contas adicionais, que tenham critérios e comportamentos semelhantes. Junto a isso utilize o conhecimento das equipes de vendas, marketing e pós-venda para desenvolver um plano de contas entre equipes.

5. 3. 1. Onde encontrar as informações para as contas e enriquecer seus dados

- Dados existentes: seus sistemas de CRM, automação de marketing ou ERP;
- Pesquisa manual: pesquisas no LinkedIn, sites de eventos, fóruns da indústria e outros canais de mídia social;
- Outbound: lista do time de vendas usada na prospecção outbound;
- Eventos offline: se sua empresa participou ou patrocinou algum evento recentemente, utilize a lista de pessoas que foram abordadas;
- Web scraping: dados sobre as empresas estão na internet, como a pesquisa por CNPJs específicos, ou região;

- Lead enrichment: ferramentas que fornecem mais informações sobre o lead assim que ele chega na sua plataforma, sem a necessidade de mais conversões, como Econodata, Okapi Intexfy, Safety Mails, Universal Data Manager.

Durante este processo de consideração, você precisa fazer uma extensa pesquisa em cada conta para determinar quão bem eles se encaixam em seus critérios. Além disso, você deve reunir as equipes de marketing e vendas para receber comentários de colaboradores da linha de frente que possam ter interagido com essas contas (ou contas semelhantes) no passado.

Também faz sentido considerar o nível de engajamento das contas com sua empresa. Dessa forma, você não estará começando do zero e pode fazer diferença na decisão de incluir ou excluir uma empresa da lista.

Os dados incluem:

- Vendas já realizadas para a empresa;
- Engajamento da conta pela persona;
- Cobertura de dados dos principais tomadores de decisão;
- Relacionamentos e conexões existentes na conta;
- Pontos de entrada.

Para você começar imediatamente, pegue a sua base, consulte com o seu time de vendas quais contas eles mais abordam e defina apenas um segmento de teste para a mensuração ser mais fácil. Comece pequeno, não tem número mágico, lembre-se da rede e da flecha. Entre 50 a 500 contas será mais fácil de mensurar do que 1000.

Outra dica é calcular o tamanho do seu mercado e comparar ele com as listas que você está trabalhando para saber quantas empresas poderiam ser alcançadas.

A estratégia para criar sua lista de contas vem por uma segmentação pré-definida. Você pode extrair uma lista, mas é sempre bom fazer uma verificação para conferir se está realmente de acordo com seu ICP, se está já em negociação etc. Alguns direcionamentos para a criação:

1. Use a lista de contas do seu time de vendas, tanto a lista online e offline de prospecção;
2. Tenha uma definição por parte de Marketing e Vendas de alinhamento (SLA) para definir as principais contas;
3. Com base de dados, gere a lista de acordo com o alinhamento feito e depois faça um filtro para seleção das contas;
4. No analytics, defina atributos dos melhores clientes, e construa uma lista de acordo com essas características para ser qualificada.

Ao definir cuidadosamente os critérios para sua lista de contas e, em seguida, pesquisar as possíveis correspondências à medida que você cria essa lista, você estabelecerá uma base sólida para todas as atividades de ABM que se seguirão.

5. 4. Como criar conteúdo personalizado para as contas

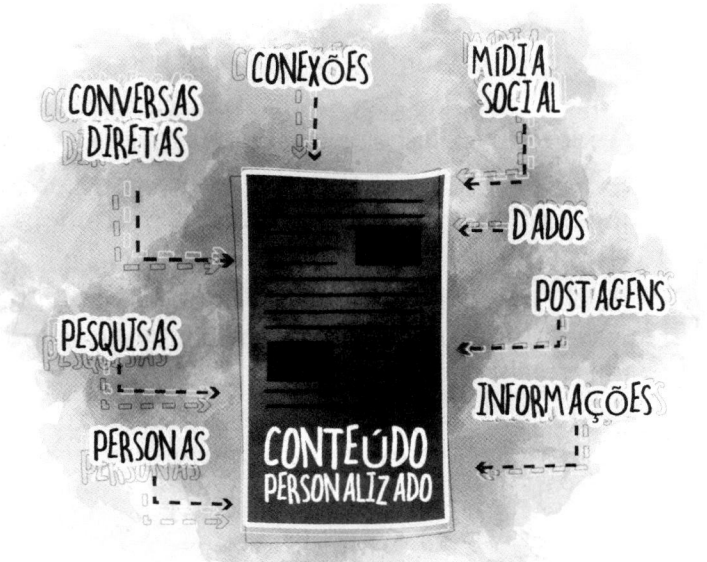

O poder da ABM vem da personalização; sem ela, você está contribuindo para o marketing genérico. E Web Personalization não é mais novidade para você, já falei sobre isso nos capítulos anteriores, é o coração deste livro. Sua missão ao criar conteúdo para as contas é entregar a mensagem certa, no momento certo, para o cliente ideal.

5. 4. 1. De onde suas ideias virão

Para gerar mensagens personalizadas, você precisa saber o máximo possível sobre suas contas, caso contrário, o conteúdo será irrelevante. Antes de se aprofundar no conteúdo, você vai usar uma ampla gama de fontes para gerar insights e construir um quadro completo do mercado-alvo e persona.

- Conversas diretas: capturadas por seus SDRs, vendedores e toda equipe envolvida no processo;
- Conexões existentes: alguém em sua empresa, ou dentro de seus parceiros, fornecedores ou clientes pode ter profunda experiência com a conta ou as pessoas nela;
- Mídia social: é oportuno, relevante e pessoal monitorar perfis do LinkedIn, Twitter, feeds e participação em fóruns. Ferramentas de monitoramento social podem ajudar nisso;
- Informações oficiais da empresa: contas oficiais, acionistas, investidores e todas as páginas do site são fontes sólidas de insight;
- Postagens no blog: tanto no site da própria empresa quanto em sites do segmento em geral;
- Dados do mercado: a dinâmica do mercado, notícias, tendências, impulsionadores do crescimento e inibidores, atividades e assim por diante;
- A empresa como um todo: sua estratégia, pontos fortes, pontos fracos, oportunidades e ameaças, concorrentes, sua cultura e valores;

- As personas: a agenda de cada membro da equipe, suas prioridades, preconceitos, preferências, estilos, táticas, onde eles trabalharam no passado (e quais sistemas eram utilizados);
- Os relacionamentos dentro da conta: como cada contato principal se relaciona com os outros membros da equipe, quem reporta a quem, quem tem orçamento disponível, quem são os influenciadores, bloqueadores, mobilizadores, facilitadores etc.;
- Suas conexões com a conta: suas conexões com os principais contatos, negócios anteriores, experiências de atendimento ao cliente, sua experiência com seus concorrentes próximos, conexões do LinkedIn com pessoas que você conhece etc.;
- Pesquisas: em caso de dúvida, execute as suas próprias pesquisas para descobrir o que você não sabe antes de validar.

Se você for capaz de descobrir insights em cada nível, isso vai refletir diretamente em conteúdo relevante e personalizado, o que impulsiona o envolvimento e, por fim, gera vendas.

5. 4. 2. Planejando o conteúdo

No nível mais alto, ABM é sobre alcançar os altos executivos certos. Você não mantém uma conversa nesse nível com mensagens genéricas.

Todo tipo de conteúdo que você usaria em um processo de marketing e vendas é eficaz em um programa de ABM, desde que seja personalizado e relevante. Isso inclui e-mails, eBooks, webinars, blog posts, páginas do site, vídeos, infográficos, podcasts, posts de mídias sociais, conteúdo interativo, pesquisas, questionários etc.

A chave é concentrar-se nas táticas e nos formatos com os quais o público se envolve. Algumas pessoas leem eBooks, outras não. Alguns assistem a vídeos de meia hora, outros nem assistem a um vídeo de um minuto.

Personalização | Account-Based Marketing (ABM)

Cada parte do conteúdo não precisa ser criado especificamente para uma conta de destino — essa abordagem não é escalável. Em vez disso, pense em um equilíbrio de conteúdo, com cada peça caindo em algum lugar no espectro de personalização.

100% PERSONALIZADO	ALTAMENTE PERSONALIZADO	ALTAMENTE CUSTOMIZADO	CUSTOMIZADO	ESPECÍFICO PARA A INDÚSTRIA	MULTISETOR	GENÉRICO
CRIADO APENAS PARA UMA CONTA E UMA PERSONA	CRIADO PARA VÁRIAS PERSONAS DE UMA ÚNICA CONTA	CONTEÚDO EXISTENTE, ALTAMENTE ADAPTADO PARA UMA CONTA	CONTEÚDO EXISTENTE, COM LEVE ADAPTAÇÃO PARA UMA CONTA	CONTEÚDO SEGMENTADO PARA UMA INDÚSTRIA	SEGMENTADO PARA UM GRUPO DE MERCADOS RELACIONADOS	CONTEÚDO AMPLO, PARA TODOS OS PÚBLICOS, MAS AINDA RELEVANTE PARA A CONTA

Mapeie o conteúdo para a jornada de compra

Encontrar um lugar na jornada de compra para cada conteúdo é essencial. À medida que o processo de vendas avança, o tipo de conteúdo que você entrega muda também. Não é preciso reestruturar sua estratégia de conteúdo do zero, defina os assuntos e formatos importantes por etapa da jornada de compra:

Persona	Jornada de compra					
Meta do estágio	Aprendizado	Consideração	Compra	Adoção	Cross-Sell/Up-Sell	Defensor
Objetivo do cliente	Eu acho que tenho um problema	Como eu resolvo meu problema e por que você?	O que eu preciso para comprar?	Irei ter sucesso com o produto?	Eu gosto do produto X, eu gostaria de mais features. Ou eu gostaria do produto Y	Eu amo os produtos/serviços. Ficaria feliz em recomendar a outras pessoas

Account-Based Marketing (ABM) — **Personalização**

Conteúdo	Blog posts, ebooks, webinars, eventos	Vídeos com depoimentos, cases, reports	Vídeos do produto, demos, workshops online	Workshops online, tutoriais	Webinars sobre o produto, vídeos com depoimentos, cases	Acesso facilitado a novas features

Faça um mapeamento do seu conteúdo existente, considerando em que ponto da jornada de compra e para quais pessoas o conteúdo pode ser bom. Mas lembre-se: só porque um conteúdo é entregue em determinado estágio para uma pessoa, não significa necessariamente que é o estágio certo para todas as outras. Diferentes personas têm necessidades diferentes.

5. 4. 3. Checklist para criação de conteúdo de ABM

Você pode usar o seguinte processo de criação de conteúdo para sua estratégia ABM:

1. Faça uma análise do conteúdo atual
   - Mapeie todo o conteúdo relevante existente;
   - Classifique por conta, persona, estágio da jornada de compra e assunto;
   - Encontre os gaps de conteúdo.
2. Adapte conteúdos os existentes
   - Escolha o conteúdo que é relevante e utilizável como está;
   - Identifique o conteúdo que precisa de pequenas alterações para se tornar relevante;
3. Crie novos conteúdos
   - Priorize temas e questões fornecidos por seus insights para novas criações;
   - Crie um calendário editorial priorizando os principais gaps;

- Crie resumos dos conteúdos e atribua à equipe interna ou externa responsável;
- Estabeleça um processo sólido para garantir novos conteúdos constantemente.

Personalização simples x super personalização

Você pode transformar um conteúdo relevante, mas amplo, em uma peça super relevante com alguns ajustes simples, incluindo:

- Um título ou legenda personalizada;
- Imagens que refletem o setor;
- Estudos de caso do mercado;
- Ajustando a introdução e conclusão;
- Uma página de destino segmentada.

Isso permite que você amplie seus esforços de personalização de conteúdo. O conteúdo altamente personalizado pode ser o mais atraente de todos. Considere usar os recursos de sua empresa para produzir um relatório especial sobre as contas-alvo e seus principais desafios. E-mail e mala direta feitos corretamente podem ser um ótimo canal para peças altamente personalizadas.

5. 5. Como lançar Campanhas

Você identificou seus clientes ideais, mapeou suas contas para eles, se dedicou para gerar insights sobre cada um e criou conteúdo e mensagens personalizadas. Agora é hora de enviar estes conteúdos e mensagens a eles por meio de campanhas.

Aqui é onde o ABM será ativado. Em vez de promover o conteúdo amplamente, você irá focar seus esforços para atingir suas contas-alvo. As táticas mais usadas pelas empresas são eventos, mala direta, e-mail, publicidade e Web Personalization. Claro que existem outras táticas, mas essas são as básicas de qualquer programa de ABM.

5. 5. 1. Eventos em ABM

Eventos ainda são a área de maior gasto no mercado B2B. Eles são valorizados pelo alto valor da interação "cara a cara". Essa será sempre a maneira mais poderosa de iniciar uma conversa, aprofundar um relacionamento ou acelerar um fechamento de negócio.

Tal como acontece com tantos aspectos da ABM, vendas e marketing devem trabalhar juntos para elaborar a lista de participantes do evento. O convite em si, em seguida, vem de quem está melhor colocado para fazer essa abordagem. Quando é um relacionamento que já existe, será vendas. Quando não, marketing. Se será direcionado a executivos, o convite deve vir de um executivo da sua empresa, do mesmo ou maior nível de cargo.

Nos eventos em ABM, a métrica chave não é quantas pessoas participam, mas quantas pessoas certas a partir das contas-alvo participam.

5. 5. 2. Mala direta em ABM

Devido ao foco em listas altamente segmentadas e de alto valor, a mala direta tem um papel fundamental em programas de ABM. Quanto mais focado o seu ABM e melhor a sua investigação sobre a conta, maior a oferta de valor que você pode implementar.

A mala direta envolve as partes do cérebro que têm a ver com a informação visual e sensorial. Material físico é mais "real" para o cérebro e se conecta a memória e centros emocionais do seu prospect. Além disso, o envio de um pacote para alguém pode aumentar a probabilidade de reação à outra ação sua.

Busque informações sobre o perfil social dos prospects para identificar as coisas das quais eles gostam, tais como alimentos, atividades, viagens etc. Então, surpreenda-os com uma mala direta que una seus interesses e uma nota para a ação desejada, como acessar uma página de destino específica, por exemplo.

5.5.3. E-mail em ABM

Em ABM, e-mail não é um fluxo automatizado de campanha comum. É um meio de comunicação one-to-one, com cada e-mail carregando uma mensagem distinta e pessoal. Enquanto leva esforço adicional, faz valer a pena.

Personalizados, e-mails enviados por humanos em nome de seus executivos podem elevar as taxas de resposta a 10x ou mais se comparados ao e-mail marketing tradicional. Não é o que vale a pena para as personas-chave em suas contas mais importantes?

5.5.4. Anúncios em ABM

É uma das táticas mais populares. Com os anúncios de ABM, você pode utilizar uma lista de contas-alvo e veicular para as contas que correspondem a esta lista. Dependendo da tecnologia utilizada, você também pode identificar um conjunto de personas que gostaria de atingir nessas contas.

Começar com anúncios é relativamente fácil. Ao contrário de outras táticas que exigem trabalho manual, os seus anúncios podem funcionar 24x7 de forma automatizada.

Aqui não é sobre o clique, mas sim sobre construir autoridade e proporcionar o reconhecimento da marca para apoiar outros esforços. Também pode abrir oportunidades de vendas e reforçar relações existentes. O importante é ser visto pelas pessoas certas, no momento certo e enviando a mensagem certa, como sempre!

5.5.5. Diversificação de canais é a chave para o sucesso

Além de criar o conteúdo certo, você precisa pensar em diversificar seus canais. Uma campanha de ABM de sucesso combina a mistura de canais online e offline e mapeia as atividades de cada estágio da jornada do cliente. Os canais podem incluir:

Account-Based Marketing (ABM) — **Personalização**

- Mídia paga e orgânica;
- Campanhas de e-mail personalizadas;
- Páginas de destino personalizadas;
- eBooks e outros materiais ricos;
- Estudos de caso;
- Contato por telefone;
- Webinars ou outros eventos online;
- Eventos presenciais;
- Mala direta;
- Vídeos.

Veja um exemplo de fluxo de campanha:

Personalização | Account-Based Marketing (ABM)

Estamos todos tentando priorizar o digital, mas atividades offline, como eventos e mala direta, são tão importantes quanto. Realize pesquisas para saber como diferentes segmentos respondem a diferentes canais, depois use esses dados para criar campanhas multicanais integradas.

Algumas dicas para você começar suas campanhas imediatamente são:

- Importar a lista no Facebook Ads como audiência personalizada;
- Importar a lista no LinkedIn Ads como uma lista de e-mails (Contact Lists) ou nome das empresas (Account Target);
- Importar a lista no Google Ads para fazer *retargeting* somente para essa lista;
- Convidar a lista de contas para um evento exclusivo ou patrocinar eventos dessas empresas;
- Subir a lista em uma DMP (Data Management Platforms) para veicular anúncios em mídia programática;
- Utilizar o ClearBit Reveal ou Albacross para dizer quais empresas visitam seu site. A ferramenta cria filtros e classifica no Google Analytics as indústrias, cargos, tecnologias usadas e tamanho da empresa. Pode também criar um *retargeting* somente para essa segmentação no Google Ads;
- Usar o DemandBase para criar anúncios personalizados pelo tamanho de empresa, setor ou, melhor ainda, pelo nome (talvez ainda não funcione esses dados no Brasil);
- Ações diretas, como marcar uma visita, telefone, e-mail e envio de brindes pelo correio.

O LinkedIn é um ótimo canal para os profissionais de marketing B2B começarem com o ABM devido sua grande capacidade de segmentação específica. É possível trabalhar com mais contas, leads mais qualificados a partir de e-mails mais qualificados e possibilita falar somente com decisores.

5. 5. 6. Ferramentas (ABM tech stack)

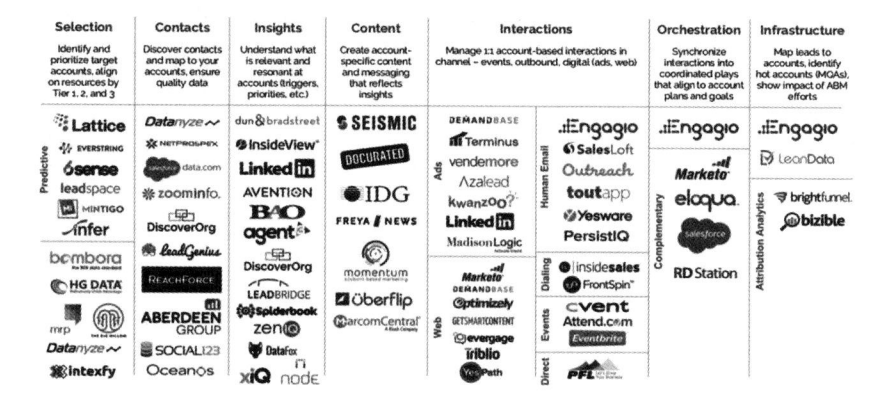

Seleção
Para identificar e priorizar as contas-alvo;

Contatos
Para descobrir contatos e mapear suas contas garantindo dados de qualidade;

Insights
Para entender o que é relevante para as contas (prioridades, gatilhos, etc.);

Conteúdo
Para criar conteúdo e mensagens específicas para as contas;

Interação
Para gerenciar as interações das contas nos canais;

Orquestração
Para sincronizar interações em campanhas coordenadas que se alinham aos planos e metas das contas;

Infraestrutura

Para conduzir leads às contas, identificar contas estratégicas e mostrar o impacto do ABM;

Você pode ver todas as ferramentas de ABM aqui no: https://www.b2bstack.com.br/categoria/abm

5. 6. Mensuração e análise

O Account-Based Marketing exige novas formas de pensar sobre métricas. Enquanto leads e oportunidades são importantes e necessários, eles não são suficientes. ABM é uma abordagem fundamentalmente diferente, que exige diferentes métricas.

As métricas de ABM tem foco na qualidade, não na quantidade.

ABM pode levar um tempo para mostrar grandes resultados, o ideal seria medi-lo usando negócios fechados e receita, mas isso pode levar tempo. Quando se inicia uma estratégia de ABM, você precisa de análises de curto prazo, para implementar melhorias, alinhar as expectativas e definir metas.

Então, se o ABM não deve ser medido baseando-se em leads nem em receita, qual a métrica ideal? Fundamentalmente, três questões devem ser respondidas:

1. Estou criando e aprofundando relações com as contas-alvo?
2. Como as contas estão se deslocando pela jornada de compra?
3. Qual é o retorno sobre o investimento do programa de ABM?

Nunca confie em métricas secundárias como visitantes únicos e taxas de cliques. Avalie seu desempenho de marketing com métricas diretamente relacionadas ao impacto nos negócios. Reforço o comprometimento dessa ação ser feita em conjunto com times de vendas e marketing.

Mantenha o foco em:

Alcance

A métrica mais básica, mede a qualidade e a integridade dos dados. Suas contas têm as pessoas certas ou não? Qual a eficácia da construção da base de dados? Medindo o alcance você saberá se tem dados e contatos suficientes para cada conta de destino e o quão eficaz está sendo na construção do banco de dados.

Awareness

Para medir o awareness, seu objetivo é acompanhar as interações recentes e significativas das contas de destino. Por exemplo: mesmo que uma conta tenha visto seus anúncios, é possível que a conta não tenha conhecimento sobre sua empresa, se ninguém tem visitado o site, abriu um e-mail, ou participou de um evento nos últimos meses.

Engajamento

É a métrica fundamental de ABM. Mede a qualidade do relacionamento e o envolvimento mais profundo. Indica que as contas estão mais envolvidas com a sua empresa. Ele também sinaliza uma maior probabilidade de compra ou renovação.

Ao final, essas principais métricas devem ajudar você a responder às seguintes perguntas, que são essenciais para medir o sucesso da sua campanha de ABM:

- Quantas oportunidades de vendas foram geradas no total da campanha?
- Quantas empresas avançaram no processo de vendas?
- A taxa de fechamento das empresas da campanha?
- A velocidade do funil, que indica se as taxas de qualificação/aproveitamento estão indo mais rápido com essa campanha de ABM?
- Quantas empresas impactadas pelo total de empresas de acordo o tamanho da lista?
- Se a campanha for para retenção e upsell, quantas empresas na campanha deram resultados?

5. 6. 1. Mapeando a jornada de compra em ABM

Embora os estágios variam entre diferentes empresas, esta estrutura simples é um ótimo ponto de partida para mapear e analisar as taxas do seu funil de vendas com base na jornada de compra das contas-alvo:

```
TODAS AS CONTAS-CHAVE
CONTAS COM POUCO ENGAJAMENTO
CONTAS ENGAJADAS
CONTAS QUALIFICADAS POR MARKETING
OPORTUNIDADE DE VENDAS
CONVERTEU EM CLIENTE
```

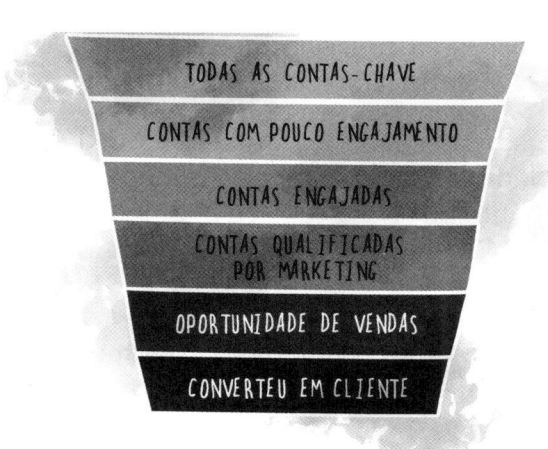

1. **All target accounts** (todas as contas-alvo): a lista com todas as contas;
2. **Aware accounts** (contas cientes): contas que interagem com a empresa de alguma forma, visitando o site, respondendo e-mails, ou participando de eventos;
3. **Engaged accounts** (contas engajadas): contas que atingem um nível de engajamento justificando o alcance de vendas;
4. **Opportunity** (oportunidade): contas que são oportunidades de vendas;
5. **Converted customer** (cliente convertido): contas-alvo que fecharam uma venda.

Métricas analisadas. Quando é o momento certo de escalar? Depende. É importante saber realizar esse diagnóstico e realizar eventuais melhorias antes do próximo passo:

1. Tem visitantes o suficiente? É um bom momento para investir em Ads.
2. Já possui grande engajamento? Se ainda não, otimize o conteúdo.
3. Já possui boas taxas de conversão? Se ainda não, faça um trabalho para otimizá-las.

4. As vendas estão conseguindo trabalhar bem em cima das contas? Se ainda não, faça mais alinhamentos.

Se a resposta para tudo for sim, é hora de escalar! Caso você tenha dificuldade em otimizar sua campanha, é essencial olhar com atenção ponto por ponto do seu plano de ação de marketing.

5. 7. Orquestração de ABM

A orquestração do Account-Based Marketing é a organização da entrega do conteúdo certo, no canal certo, aos contatos certos em suas contas-alvo, o que exige coordenação entre a equipe de marketing e vendas. Assim, é preciso detalhar como o ABM é colocado em prática. As etapas são:

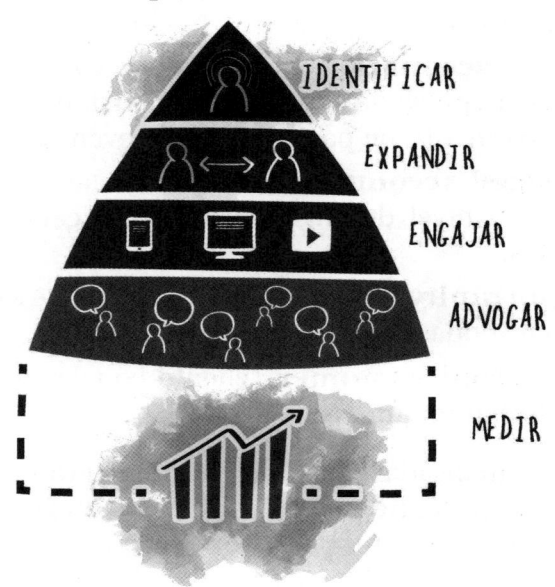

Fonte: Terminus

1. **Identificar:** como você direciona suas contas de melhor ajuste ao alinhar marketing e vendas em torno de um perfil de cliente ideal (ICP);

2. **Expandir:** como na jornada de compra B2B há mais de uma pessoa no processo de tomada de decisão, você precisa expandir seu alcance em uma conta conectando-se com todos os envolvidos;
3. **Engajar:** como você sabe exatamente quem são seus compradores com base na pesquisa realizada, é possível conectar-se a eles nos canais em que eles estão mais ativos;
4. **Advogar:** quando você cria uma experiência incrível para suas contas-alvo em toda a jornada de compra, elas se tornam defensoras de sua empresa e ajudam a atrair mais clientes;
5. **Medir:** como você mede o sucesso com seus programas ABM? Trata-se de analisar o envolvimento da conta e a progressão das contas com base no cenário.

A orquestração de ABM acontece em todas as etapas da jornada de compra, de acordo com os esforços coordenados entre marketing e vendas. As jornadas de compra das contas-alvo podem ser divididas em três estágios: geração da demanda, velocidade do funil de vendas e marketing do cliente.

Observe uma visão geral dos estágios:

	Geração de Demanda		Funil de Vendas		Marketing do Cliente	
Estratégia de ABM	Pré-segmentação	Nutrição de contas	Aceleração do Funil	Resgate	Renovação e Upsell	Expansão
Estratégia baseada em Lead	X	Levar a conta para a nutrição				
Estágio	Novo contato	Interessados	Oportunidade	Opp Perdida	Renovação e expansão	

Personalização | Account-Based Marketing (ABM)

A tecnologia permite que o ABM seja executado em escala e orquestre campanhas multicanal. O envolvimento deve ser feito em vários canais e é preciso focar nos tipos de atividades, com base no impacto que você deseja ter.

IMPACTO DE ENGAJAMENTO NO ABM

TEM QUE SER FEITA

- ATUALIZAÇÕES DO BLOG E SITE
- ANÚNCIOS E MENSAGENS COM ABM / LINKEDIN ADS
- ANALISTA DE RECOMENDAÇÕES

BAIXO IMPACTO (1X) ← → ALTO IMPACTO (10X)

- EMAIL NEWSLETTER PROGRAMA DE NUTRIÇÃO
- EVENTOS PRESENCIAIS
- ENVIO DE CARTA
- WEBINAR FOCADO NO SETOR, INDÚSTRIA OU PERSONA

DEVERIA SER FEITA

Fonte: Terminus

Os principais alinhamentos para uma orquestração de ABM bem-sucedida são:
- Alinhar suas equipes de marketing + vendas = "smarketing";
- Combinar sua mensagem em todos os canais, incluindo conversas de vendas e e-mail;
- Selecionar os canais certos — considere a cobertura da conta e a profundidade do envolvimento;
- Escalar e automatizar com a ajuda da tecnologia e de ferramentas de marketing.

Você encontra um modelo completo de orquestração de ABM no próximo capítulo.

5. 8. Conclusões finais sobre ABM

Começar com o Account-Based Marketing pode parecer assustador e complicado à primeira vista, mas não precisa ser. Mesmo pequenas aplicações de personalização podem causar um enorme impacto.

Minha principal dica é: teste! Teste muito. O melhor momento para errar é no início para otimizar o quanto antes.

Comece analisando qual ou quais tipos de ABM fazem mais sentido para sua empresa no momento. Em seguida, dê atenção para 3 Ws:

- Who: Quem são os contatos? As contas identificadas?
- What: Qual a mensagem certa para se identificar com eles? Para engajá-los?
- Where: Onde vou distribuir o conteúdo? Por meio de que campanhas?

Com o ABM, marketing e vendas se concentram em resolver o problema do cliente, em vez de promover a solução que desejam vender. Essa abordagem significa entender os clientes e suas organizações com profundidade suficiente para criar conteúdos que os ajudem a atingir seus objetivos de negócios.

A estratégia só alcançará seu potencial quando os times trabalharem de mãos dadas. Isso requer mais do que concordar com definições, regras de engajamento e uma lista de contas priorizadas. Significa que os times são parceiros, colaborando nas mesmas ações.

Uma vez que você tem a compreensão de quais esforços conduzem os níveis mais altos de engajamento e conversão, você vai ser capaz de escalar com sucesso.

6. Checklists + Presente

Neste capítulo você encontra dois checklists práticos: de Web Personalization e de ABM.

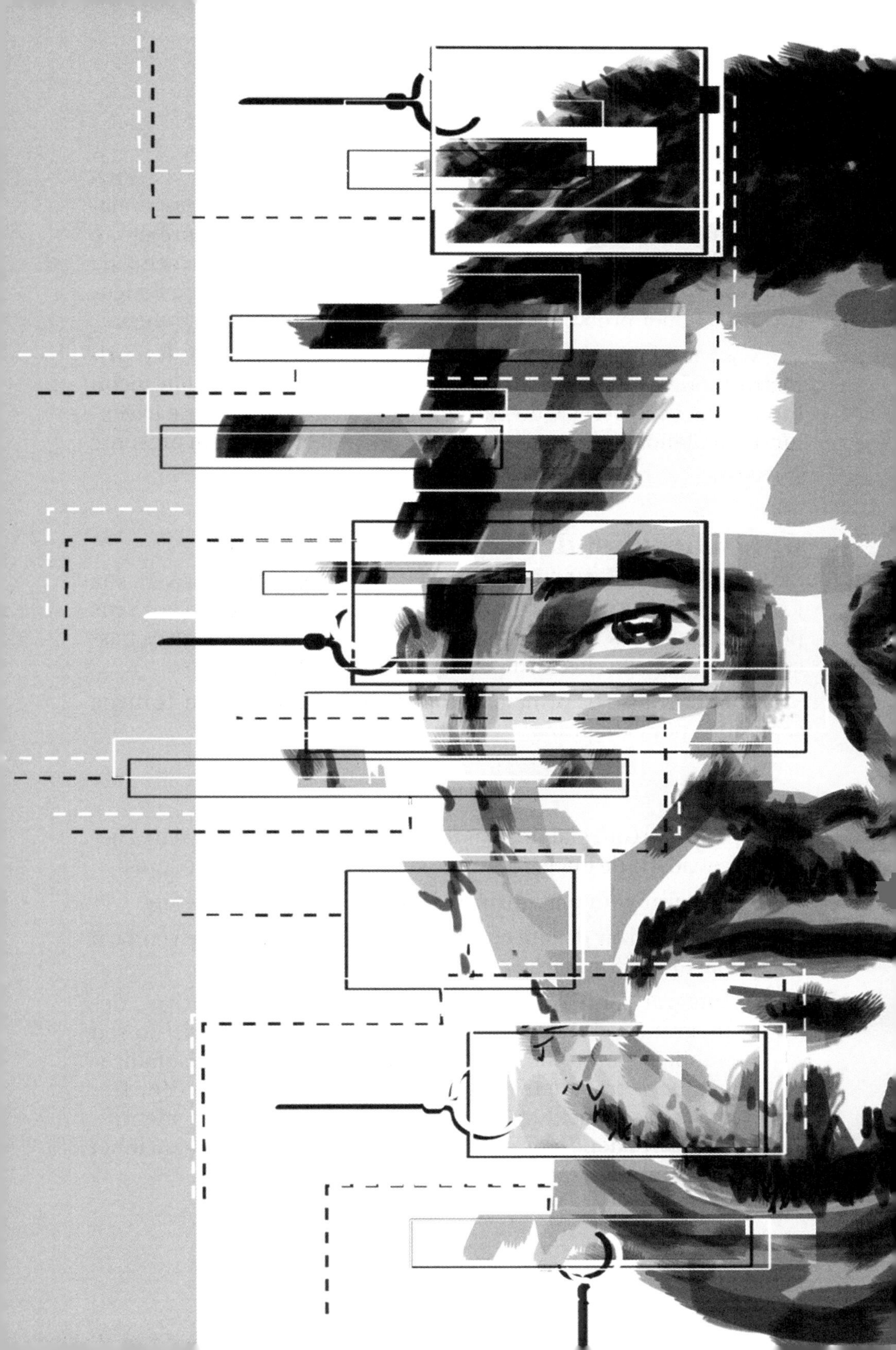

Personalização Checklists + Presente

Essa prática pode melhorar a eficiência e minimizar os erros das estratégias. Além disso, com os checklists, você tem um documento indicando a responsabilidade por cada etapa do projeto, o que facilita a visualização das responsabilidades de cada setor da empresa envolvido. Com essa estrutura básica será mais fácil identificar qualquer problema antes mesmo da execução da estratégia.

Você também encontra um clássico modelo de ABM. É o primeiro modelo de orquestração de demanda de ABM que inclui tudo o que você precisa de marketing e vendas para criar e executar o seu plano. E não acaba por aqui, ao final te deixo um presente especial.

6. 1. Checklist de Web Personalization

Começar com o Web Personalization é um grande passo em sua jornada rumo a melhores práticas de entrega de conteúdo aos seus potenciais clientes. Para ajudar, principalmente nos primeiros passos, aproveite este checklist para utilizar durante o processo.

Você encontra os principais tópicos possíveis para a estratégia separados por categorias:

Conexões

☐ Integrar com plataformas de marketing de terceiros sem a necessidade de integradores de sistemas ou desenvolvedores;

☐ Integrar com plataformas de automação de marketing;

☐ Personalizar do site conforme o estágio no ciclo de venda, a partir da integração com o CRM;

☐ Integrar com ferramentas de prospecção corporativas, demográficas e de intenção: lembre-se que a maioria do seu público é anônimo, portanto, seu software de personalização deve trabalhar com ferramentas como LinkedIn, Demandbase, KickFire, Tealium, entre outros, para identificá-los (podendo usar algumas ferramentas que mencionei no Capítulo 4);

- [ ] Integrar com plataformas de personalização de conteúdo.
- [ ] Certifique-se de estar personalizando sempre com o conteúdo mais atualizado;
- [ ] Integrar com o Google Analytics ou Adobe Analytics para ter uma única plataforma de relatórios;
- [ ] Integrar com DMPs (Não é obrigatório).

Segmentação

- [ ] Segmentar o público-alvo do site usando dados de conexões de terceiros;
- [ ] Segmentar o público-alvo do site com base no comportamento passado ou atual:
- [ ] Segmentar o público-alvo do site com base em sites de referência;
- [ ] Segmentar o público-alvo do site com base em palavras-chave pesquisadas;
- [ ] Segmentar o público-alvo do site com base na geolocalização;
- [ ] Segmentar o público-alvo do site com base na campanha de referência;
- [ ] Segmentar o público-alvo do site com base em horário, dia ou fuso horário;
- [ ] Segmentar o público-alvo do site com base na tecnologia usada;
- [ ] Incluir ou excluir segmentos ao definir regras;
- [ ] Determinar quantas condições devem ser atendidas ao entregar conteúdo;
- [ ] Priorizar regras de segmentação.

Personalização | Checklists + Presente

Conteúdo e campanhas

- [ ] Personalizar elementos em uma página, como texto, imagem, vídeo etc. (Dica: use o Google Optimize Personalization);
- [ ] Determinar como o conteúdo será exibido em dispositivos móveis, tablets e computadores;
- [ ] Utilizar múltiplos métodos para carregar conteúdo (upload, link para conteúdo hospedado, HTML / JavaScript / CSS);
- [ ] Duplicar campanhas para ganhar tempo ao configurar campanhas semelhantes;
- [ ] Adicionar CSS ou JavaScript, se você preferir trabalhar em código;
- [ ] Controlar as dimensões da campanha caso seu site não seja responsivo para garantir uma boa experiência ao usuário.

Teste e análise

- [ ] Comparar impressões, cliques e CTRs em segmentos, conteúdo e campanhas;
- [ ] Utilizar recursos de testes A/B para otimizar continuamente;
- [ ] Gerar relatórios em tempo real;
- [ ] Analisar as métricas gerais e detalhar por campanha, segmento ou conteúdo;
- [ ] Exportar relatórios e dados.

Empresa

- [ ] Realizar parceria estratégica com os clientes: seja cauteloso com a empresa que está ansioso para assinar um acordo sem provar que eles querem ser seu parceiro estratégico e ajudá-lo a cumprir suas metas ao longo de todo o processo;
- [ ] Proteção de dados: ponto importante — você deve respeitar as leis de proteção de dados e proteger a privacidade dos visitantes do seu site;

☐ Plataforma aberta: As empresas precisam de plataformas que permitam a entrada de dados para relatórios e integração com outras soluções líderes de marketing de forma padronizada;

☐ Integrações tecnológicas;

☐ Organização de serviços e processos.

6. 2. Checklist de ABM

Se você leu todo o capítulo 5, percebeu que há muito o que planejar para começar uma campanha de ABM. Esse checklist super prático pode te ajudar a não deixar passar nenhuma simples ação que é também muito importante para o sucesso da estratégia.

Gestão de segmentos

Para gerenciar públicos-alvo e conectar fontes de dados diferentes:

☐ Conectar com o CRM;

☐ Fazer o upload de uma lista (Dica: use a lista de prospecção);

☐ Medir o público;

☐ Explorar dados adicionais relacionados ao seu público, incluindo firmographics, intenção e engajamento;

☐ Chegar até seu público-alvo por meio de outros canais, como anúncios ou Web Personalization;

☐ Filtrar seu público-alvo primeiro e atribuir dados como eventos, firmographics, intenção e atividade no site.

Seleção de contas

Para criar listas de contas-alvo com as contas certas:

☐ Identificar contas com base em uma variedade de dados, incluindo firmographics, comportamentais e intencionais;

- [ ] Ir além da empresa para entender os compradores individuais nas contas-chave;
- [ ] Pontuar, classificar e fornecer insights sobre as contas existentes;
- [ ] Identificar contas fora dos seus dados de CRM existentes;
- [ ] Oferecer transparência total sobre o motivo pelo qual cada empresa é destaque;
- [ ] Alavancar as tecnologias para identificar sinais de compra em tempo real;
- [ ] Fornecer ativação direta nos canais de marketing da lista de contas de destino;
- [ ] Apoiar a criação de campanhas para a lista de contas selecionadas;
- [ ] Usar a segmentação definida na seleção de conta para direcionar a Web Personalization;
- [ ] Ativar alertas de vendas com base no público-alvo criado na seleção de conta.

Personalização

Para fornecer experiências personalizadas no site e conteúdo com base em visitantes individuais:

- [ ] Identificar os visitantes anônimos;
- [ ] Utilizar ferramentas para entregar conteúdo personalizado para cada visitante do site;
- [ ] Criar experiências personalizadas para visitantes anônimos e conhecidos;
- [ ] Integrar plataformas relacionadas, como o CMS e plataformas de teste A/B;
- [ ] Personalizar títulos, subtítulos, CTAs, anúncios, etc.

Campanhas

Para executar campanhas segmentadas para as contas-alvo:

- [ ] Executar campanhas para as contas-alvo;
- [ ] Proteger a segurança da marca através de mecanismos como whitelists;
- [ ] Fornecer relatórios de entrega da campanha a nível do domínio;
- [ ] Fornecer transparência em seus dados de segmentação e suas fontes;
- [ ] Veicular anúncios personalizados para uma base anônima;
- [ ] Oferecer anúncios criativos e dinâmicos que sejam responsivos à empresa e indústria;
- [ ] Segmentar e personalizar as campanhas usando uma combinação de dados de IP, cookies e evento primário;
- [ ] Fornecer relatórios de campanha usando métricas B2B.
- [ ] Medir o impacto incremental da campanha coletando dados de linha de base ou usando um grupo de controle.

Vendas

Para criar uma estratégia de vendas com insights significativos:

- [ ] Integrar com as outras soluções ABM dentro da plataforma;
- [ ] Entregar insights sobre as vendas em tempo real ou em tempo quase real;
- [ ] Fornecer insights sobre vendas em ferramentas como e-mail, chats e outros;
- [ ] Fornecer insights que vão além de dados firmographics;
- [ ] Fornecer insights de vendas acionáveis;
- [ ] Fornecer insights com base no engajamento do website;
- [ ] Fornecer insights com base no feedback dos usuários.

Personalização | Checklists + Presente

Relatórios e análise

Para medir o desempenho de sua estratégia de ABM:

- [ ] Centralizar suas fontes de dados existentes em um único local;
- [ ] Rastrear métricas B2B por conta;
- [ ] Criar um painel para medir o impacto do ABM através do funil;
- [ ] Criar as próximas ações com base nas atuais fases das contas;
- [ ] Criar novas audiências baseadas em dados firmographics e intencionais, para a realização através do funil;
- [ ] Rastrear e documentar visitantes anônimos no primeiro contato por conta;
- [ ] Combinar o primeiro evento e dados firmographics para segmentação e documentação;
- [ ] Ter serviços estratégicos para ajudar você a definir relatórios de ROI baseados em sua estratégia;
- [ ] Comparar o desempenho de diferentes públicos ou listas de contas, avalie o impacto de programas específicos, e compare o desempenho de diferentes vendedores.

Onboard e suporte

Para começar a entregar valor rapidamente:

- [ ] Fornecer sessões de treinamento;
- [ ] Fornecer as melhores práticas de ABM;
- [ ] Oferecer suporte de ABM estratégico aos profissionais de marketing e vendas;
- [ ] Realizar revisões de desempenho trimestralmente.

Infraestrutura

Para aliar novas tecnologias à sua tecnologia existente:

☐ Integrar com o CRM;

☐ Oferecer integrações com outras tecnologias, tais como LinkedIn e Slack;

☐ Integrar com todas as principais ferramentas de análise.

6. 3. Modelo de orquestração de ABM

Após o checklist dos itens necessários para sua estratégia, aqui estão todos os passos para executar o programa ABM. Há uma estrutura de funil a ser seguida: você precisa educar suas contas-alvo, envolvê-las, ganhar confiança e mostrar seu valor. E claro, você precisa vender. Os estágios nessa estrutura incluem as etapas de topo, meio e fundo de funil, cliente e oportunidade perdida.

O modelo mostra como pensar em cada um dos estágios dividido por categorias: estratégia, métricas (primária e secundária), vendas e sucesso, demanda e conteúdo.

A primeira categoria é a estratégia de ABM em si que será aplicada. Na categoria métrica, é como você vai analisar a execução da sua estratégia às contas antes de partir para a próxima etapa do funil. Em seguida, a função que suas equipes de vendas e sucesso do cliente desempenham em cada estágio do funil.

Na categoria demanda, estão os canais e táticas que a equipe de marketing pode usar para criar demanda e interagir com a lista de contas. Você pode adaptar esta categoria para seu segmento. Por fim, o tipo de conteúdo que você deve criar para cada estágio. Você precisa ter um conteúdo específico para as contas de cada estágio.

Personalização — Checklists + Presente

ESTÁGIO	TOPO DE FUNIL	MEIO DE FUNIL
ESTRATÉGIA	Introduzir a empresa e os benefícios do produto para as contas-alvo	Priorizar as contas-alvo e passá-las da fase de educação para vendas
MÉTRICA	- Engajamento	- Funil de vendas
MÉTRICA SECUNDÁRIA	- Awareness e novos contatos	- Oportunidades
VENDAS & SUCESSO	\multicolumn{2}{l}{**Account Development Rep (ADR) / SDR / Pré-vendas** - Seguir nas redes sociais com a conta do ADR/SDR/Pré-vendas - Prospecção da persona com base na taxa de engajamento e alcance personalizado - Sequência de contato com as contas-alvo - Agendar um encontro pré-evento para realizar um convite de visita ao estande - Reprospectar visitantes recorrentes}	
DEMANDA	**Público-alvo: Toda a lista de contas-alvo** - Patrocínio de eventos - Field Marketing - Plataformas de orquestração de ABM - Busca paga - Mídia paga (conteúdo com conversão/conteúdo sem conversão) - Prospecção de público semelhante - Mala direta: cartões, brindes, - Parcerias com a indústria - Criar conexões para prospecção (ex: LinkedIn)	**Público-alvo: Contas engajadas** - Patrocínio de eventos (incluindo elementos de engajamento. ex: acionar contatos e contas-alvo) - Field marketing: sessões educacionais - Busca paga - Display and retargeting (maiores investimentos) - Mídia Paga: produção de conteúdo e estudos de caso - Mala direta: cartões, brindes, presentes, livros físicos - Parcerias com a indústria

Checklists + Presente | **Personalização**

	FUNDO DE FUNIL	CLIENTE	OPORTUNIDADE PERDIDA
	Convencer e converter para clientes	Criar defensores da marca, alavancar o conteúdo com os clientes	A perda é temporária, mantenha o entusiasmo para uma venda futura
	- Receita	- Recomendações	- Taxa de recuperação/resgate
	- Velocidade / Ciclo de vendas e taxa de conversão	- Net Promoter Score (NPS)	N/A
	Account Executive (AE) / Executivo de contas	**Account Manager (AM) / Gerente de contas**	**Account Executive (AE) / Executivo de contas**
	- Seguir nas redes sociais com a conta do EC.	- Seguir nas redes sociais com a conta do GC. Tutoriais e workshops	- Reprospectar
	Público-alvo: Oportunidades disponíveis - Field marketing: educacional -Workshops, viagens de vendas, jantares -Paid search Paid social: competitive, case studies - Display and retargeting (maiores investimentos) - Mala direta: cartões, brindes, presentes, livros físicos - Interações e troca de conteúdos entre executivos	N/A	- Remover da lista de contas-alvo por determinado período

Personalização Checklists + Presente

ESTÁGIO	TOPO DE FUNIL	MEIO DE FUNIL
CONTEÚDO	E-mail: nurture workflows based on account grade & content downloaded, weekly blasts to house list - E-mail: fluxos de nutrição baseados no comportamento da conta e conteúdo baixado, enviar o melhor da semana para a lista. - Blog posts e guest posts em blogs estratégicos. - Ebooks, whitepapers e reports. - Relações públicas - Marketing com parceiros - Apresentação de clientes - Personalização da terminologia feita pela indústria por todo o conteúdo (website, social, ads, DM, etc.)	- Vídeo de apresentação do produto - Webinars, estudos de casos com clientes - Marketing com parceiros (webinars, ebooks, etc.) - Flyers, folders. - Web Personalization (indústria, geolocalização, etc.) - Páginas do site específicas para a persona - Conteúdo específico para as contas - Personalização da terminologia para a conta e persona por todo o conteúdo (website, social, ads, DM, etc.)

Utilizando esse modelo tradicional e aplicando cada categoria aos estágios do funil, você será capaz de descobrir onde se concentrar e priorizar seus esforços para criar e executar seu plano operacional.

FUNDO DE FUNIL	CLIENTE	OPORTUNIDADE PERDIDA
- Estudos de caso e depoimentos	- Webinars e newsletters periódicos sobre o produto	- Webinars e newsletters periódicos sobre o produto
- Estudo de caso em vídeo	- Estudos de caso e depoimentos	
- Apresentação de vendas	- Comunidade de clientes	
- Interações e troca de conteúdos entre executivos	- Seguir nas redes sociais com a conta da empresa	
- Sugestões de clientes	- Solicitar depoimentos/reviews	
- Como fazer / conteúdo de ajuda		
- Calculadora de ROI		

6. 4. Presente especial

Se você chegou até aqui, acredito que será capaz de colocar em prática muitas táticas de Web Personalization e ABM para criar um Marketing mais efetivo nos resultados e mais assertivo para seus visitantes. Afinal, você estará oferecendo a ele um conteúdo personalizado.

Ao adquirir este livro, você já tem acesso ao meu Curso de Personalização. Mas quero te dar um presente para você ir além: ao compartilhar uma foto com o livro nas redes sociais, vou te enviar um cupom de desconto exclusivo para o curso de Account-Based Marketing. A intenção é levar o conhecimento a mais pessoas. Topa essa? Te espero na área de alunos do curso :)

Personalização Checklists + Presente

Marque igual eu fiz na foto colocando @fspina no Instragram e também no LinkedIn: Felipe Spina.

Conclusão

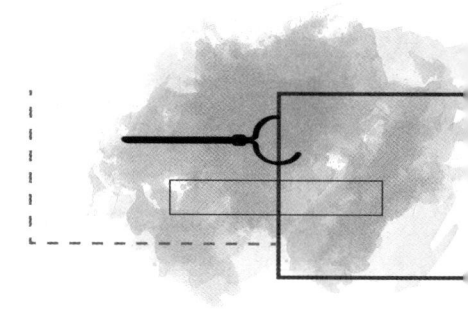

Finalizamos esta jornada de personalização compreendendo que tudo isso não é algo novo e é muito necessário para nos colocar no lugar de pessoas que acessam nossos conteúdos.

Dessa forma, a grande chave é ter empatia com quem está recebendo o conteúdo personalizado para criar uma conexão e uma relação mais próxima.

Construir esse relacionamento gera mais confiança e credibilidade para o seu posicionamento. É possível tornar a experiência das pessoas mais interessante, o que se traduz em mais vendas. Muitos negócios têm audiências variadas e cada uma dessas pessoas espera ser ouvida e atendida de forma diferente. Colete informações de quem você quer atingir e use esses dados para transmitir o conteúdo personalizado a cada um deles.

Como a personalização aplica-se a todos os passos da jornada de compra, defina seus objetivos para entender onde ela pode melhor agregar. Who? Why? What? Where? Em quem você está mirando? Por que esse público é importante e por que você quer atingi-lo? O que você quer dizer a ele? E onde você pode personalizar?

As possibilidades são muitas. Envolva o feedback de clientes e outras pessoas do seu time para pensar em melhores maneiras que as genéricas atuais. Trabalhe e desenvolva mensagens e elementos que possam ser personalizados em seu site, e-mail, blog, app, anúncio e qualquer outro meio.

Por exemplo, a página inicial de seu site, ou "homepage", pode ter um conteúdo mais amplo e as páginas internas, ou Landing pages, um conteúdo mais personalizado. Comece pelo básico, pelo feijão com arroz, antes de ir para um nível de personalização avançado. Conte com a ajuda de ferramentas e, outra vez, teste. Teste muito antes de escalar.

Personalização | Checklists + Presente

Espero, do fundo do meu coração, que o conteúdo deste livro te ajude a melhorar a comunicação com os visitantes de seus sites, apps ou quaisquer outros meios.

Foi realmente muito bom poder compartilhar tudo isso.

Com amor,

Felipe Spina.

Referências

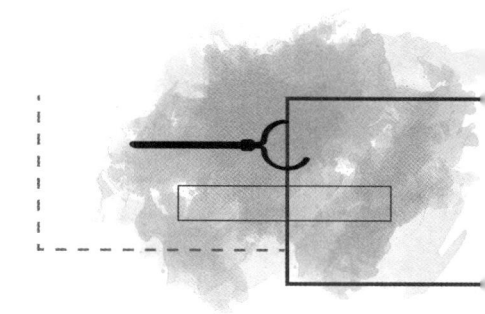

DEMANDBASE. How to engage your audiences with website personalization. Disponível em: <https://www.demandbase.com/ebook/b2b-marketers-guide-to-account-based-website-personalization/>, Acesso em: dez. 2018.

MARKETO. The Definitive Guide to Web Personalization. Disponível em: <https://www.marketo.com/definitive-guides/the-definitive-guide-to-web-personalization/>, Acesso em: dez. 2018.

ENGAGIO. The Clear and Complete Guide to Account Based Marketing. Disponível em: <https://info.engagio.com/clear-and-complete-guide-to-account-based-marketing>, Acesso em: mar. 2019.

BOUND Engagement at Scale. Website Personalization Checklist. Disponível em: <https://www.bound360.com/resource/website-personalization-checklist/>, Acesso em: abr. 2019.

BIZIBLE. ABM Orchestration. Disponível em: <https://www.bizible.com/blog/abm-orchestration-template>, Acesso em: abr. 2019.

Web Personalization Brasil: https://webpersonalization.com.br/

www.dvseditora.com.br